DE LEKKERSTE Indonesische GERECHTEN

DE LEKKERSTE

Indonesische

GERECHTEN

Omslagontwerp:
Mesika Design, Hilversum
Omslagdia's:
Conimex B.V., Baarn
Productie, lay-out en zetwerk:
Hof&Land Typografie, Maarssen
Tekeningen:
Chris Mulder, Maarssen

ISBN 90 396 01348

Inhoud

Verklarende woordenlijst

A

agar-agar – een soort gelatine uit zeewier bereid
ajam – kip
asem – tamarindevrucht
asemwater – tamarindewater, eventueel te vervangen door citroensap of azijn
asin – zout
ati – lever
atjar – ingemaakt zuur

B

babi – varkensvlees
bajem – spinazie
bsroe – nieuw
bawang – ui
bawang poetih – knoflook
belado – met pepers
berisi – gevuld
boeboer – pap, moes
boemboe – verzamelnaam voor kruiden en specerijen

D

dadar – omelet
daging – vlees
daoen – blad
dendeng – gedroogd, gekruid vlees
djagoeng – maïs
djahé - gemberwortel
djamoer – paddestoel
djawa - Java, Javaans
Djintan – komijn

E

ebbi - gedroogde garnalen

F

frikadel – gehakt

G

garem - zout
godok – gekookt
goela djawa - Javaanse suiker
goeri – smakelijk, pittig
goreng – gebakken, gebraden

I

ikan – vis
ikan kering – gedroogde vis
itis-iris – gesneden groenten
isi – vulling
itam - zwart

K

kajoe – hout
kajoe manis – kaneel
katjang – boon, peulvrucht
katjang idjoe – kleine groene erwt
kemirie – nootsoort
kentjoer – wortelsoort

kering – droog, gedroogd
ketan – kleefrijst
ketimoen – komkommer
ketjap – saus van sojabonen
ketjap asin – licht zoute sojasaus
ketjap manis – zoete sojasaus
ketoembar – koreander
koenir – kurkuma
kelapa – kokosnoot
kwee kwee – algemene benaming voor koekjes en gebak

L

laksa – of soe-oen – Chinese vermicelli
laos – wortelsoort
loempang – vijzel
lombok – spaanse peper
lombok rawit – kleine soort spaanse peper
lontong – samengedrukte rijst, gekookt in builtjes

M

manga – mango, soort vrucht
manis – zoet
merah – rood
minjak – olie

N

nasi – gekookte rijst
nasi goreng – gebakken rijst

O

oedang – garnaal
oedang kering – gedroogde garnalen
oelek – fijnwrijven
opor – in kruidige, romige substantie gestoofd

P

pala – nootmuskaat
pangang – geroosterd
pedis – scherp gekruid
peteh – boonsoort
petis – pasta van vis en garnalen
petis oedang – pasta van garnalen
petjel – koud bijgerecht
piendang – dunne pittige saus
pisang – banaan

R

reboeng – jonge bamboescheut

S

sajoer – nat groentegerecht
sajoeran – groente
salam – laurier
sambal – fijngewreven spaanse pepers
santen – kokosmelk
saté – op pennen of stokjes geregen geroosterd vlees
sereh – citroengras
smoor – gestoofd vlees met kruiden

T

tahoe – uit sojabonen bereid product
taugé – gekiemde peulvrucht
taotjo – preparaat van sojabonen
telor – ei
tempeh – koek van sojabonen
tjampoer – mengen, gemengd
toemis – fruiten, met olie gebakken producten
trassie – vis- of garnalenextract
terrong – aubergine
tongkol – tonijn

W

wadjan – een bolvormige braadpan
wangi – geurig

Rijst koken en rijstgerechten

Droge rijst koken

75 g rijst per persoon (rijsttafel)
125 g rijst per persoon (nasi goreng)
water

Bereiding

Spoel de rijst net zo lang tot er helder water vanaf komt.
Doe de rijst in een pan en giet er zoveel water bij dat de rijst ongeveer 2,5 cm onder water staat.
Breng het geheel aan de kook en roer de rijst af en toe door. Leg de deksel op de pan en laat de rijst op een laag vuur ongeveer 20 minuten zachtjes koken.
Doe de gare rijst in een schaal en maak de rijst met een vork los.

Rijst stomen

75 g rijst per persoon (rijsttafel)
125 g per persoon (nasi goreng)
water

Bereiding

Was de rijst net zolang tot er helder water vanaf komt. Doe de rijst in een pan en giet er ruim water bij. Breng het geheel aan de kook en laat de rijst ongeveer 5 minuten zachtjes doorkoken.
Giet de rijst in een vergiet, schep ze om en begiet ze met kokend water. Hang de vergiet in een pan met kokend water, zodanig dat de rijst het water niet raakt. Doe een deksel op de pan en laat de rijst gaar worden.
De juiste tijd van stomen hangt af van de soort rijst die gekozen is. Proef af en toe of de rijst gaar is.

Nasi koening

(gele rijst)

300 g rijst
water
$^{1}/_{4}$ blok santen
$1^{1}/_{2}$ theelepel koenjit
3 bladeren van daoen salam of laurierbladeren
evt. $^{1}/_{2}$ theelepel serehpoeder

Bereiding

Was de rijst net zolang tot er helder water vanaf komt.
Breng ruim water aan de kook (de rijst moet ongeveer 2,5 cm onder water staan).
Voeg de koenjit aan het water toe.
Voeg de rijst met de daoen salam of laurierbladeren toe en eventueel de sereh.
Laat de rijst ongeveer 8 minuten halfgaar koken. Voeg de santen toe en laat de rijst tenminste 20 minuten doorstomen.
Serveer de rijst direct na het bereiden met de bijgerechten.
De rijst kan eventueel versierd worden met sambal goreng, seroendeng en empal.

Nasi goeri

400 g rijst
50 g santen
2 hardgekookte eieren
2 middelgrote uien
2 el olie
1/2 komkommer
water
zout

Bereiding:

Was de rijst en breng het water met wat zout aan de kook. Voeg de rijst toe en na enige minuten de geraspte santen.
Laat het geheel ongeveer 6 minuten koken. Haal de pan van het vuur en pak de pan in met papier, wikkel hem daarna in een deken en laat de rijst zo in ongeveer een uur gaar worden.
Snij de uien in ringen en bak ze in de olie. Als de rijst gaar is worden de uiringen erover gestrooid.
Garneer de rijst met partjes hardgekookt ei en plakjes komkommer.

Nasi goeri is lekker bij diverse kipgerechten.

Nasi ajam

1 hele kip
500 g rijst
santen

staafje kaneel
2 tl zout

Bereiding:

Maak de kip in zijn geheel schoon en kook hem goed gaar in water met de santen, de kaneel en het zout. Giet de rijst af maar bewaar de bouillon.
Nadat de rijst goed is gewassen, stoomt u de rijst in een rijststomer half gaar.
Meng de rijst met de bouillon van de kip. Als de bouillon goed in de rijst is getrokken, wordt de rijst opnieuw in de rijststomer gedaan.
Stoom de rijst verder gaar.
Doe de kip op een schaal en bedek deze met de warme rijst.

Nasi goreng met kip

1 kip
500 g rijst
3 uien
t teentjes knoflook
1 el sambal
1 komkommer
4 hardgekookte eieren
50 g garnalen
4 st. foelie
1 tl witte peper
6 kruidnagelen
1 el zout
1 el ketoembar
2 tl djintan
1 blokje trassie
olie

Bereiding:

Kook de kip gaar in ruim water met zout, peper, kruidnagelen en foelie. Kook daarna de rijst gaar in de (iets afgekoelde) bouillon van de kip. Meng de fijngesneden knoflook, trassie, djintan, sambal en ketoembar door elkaar en bak dit mengsel, in de olie, samen met de fijngesneden uien en de in stukjes gesneden kip. Bak daarna de rijst met het kipmengsel mee onder af en toe roeren. Meng tenslotte de helft van de garnalen erdoorheen.

De overige garnalen, de in dunne schijfjes gesneden komkommer en de in stukjes gesneden hardgekookte eieren worden voor de garnering gebruikt.

Nasi keboeli

1 kip
400 g rijst
3 teentjes knoflook
3 uien
olie of boter
2 tl sereh
4 kruidnagelen
1/4 el djintan
1 tl djahé
1/4 el laos
1/2 el ketoembar
1/4 tl nootmuskaat
1/4 tl peper
zout

Bereiding:

Kook de kip gaar in ruim water met djahé, sereh, knoflook, kruidnagelen, laos, djintan, ketoembar en wat zout.
Bak de stukken kip met de kruiden in wat olie.
Meng door de kippebouillon de nootmuskaat, wat zout, peper en djhahé en kook de rijst hierin gaar.
Fruit de uien.
Dien de rijst op, leg de stukken kip rond de rijst en strooi de gefruite uien eroverheen.

Hierbij kunt u atjar of saté serveren.

Nasi oelam

500 g rijst
½ blok santen
4 uien
½ spaanse peper
1 tl trassie
4 eieren
2 daon djeroek poeroet
½ tl djiintan
2 tl ketoembar
1 tl sereh
1 el terie
½ tl basilicum
zout
olie

Bereiding:

Kook de rijst met santen, djeroek poeroet en wat zout.
De overige ingrediënten worden samen in de boter gebakken.
Van de eieren bakt u eerst een omelet, die u in kleine reepjes gesneden in de kruiden meebakt.
De helft van dit mengsel mengt u door de rijst, de andere helft wordt als garnering gebruikt

Ketan

500 g rijst (wit)
$^{1}/_{8}$ blok santen
geraspte kokos
goela djawa
zout

Ketan is een zwarte of witte kleefrijst. Deze wordt met wat minder water gekookt en met wat minder santen.
Verder kunt u de ketan bereiden als gestoomde rijst.

Bereiding:

Stoom de rijst met het zout en de santen gaar en strooi er voor het opdienen geraspte kokos over en de goela djawa.

Zoete ketan is ook geschikt als nagerecht.

De Rijsttafel

De Indonesische rijsttafel bestaat uit drooggekookte rijst, waarbij verschillende gerechten worden geserveerd

Een rijsttafel kan bestaan uit:

Rijst
een sajoer
een sambalan
een sambal goreng
een kip-, vlees- of visgerecht
een koude groenteschotel
een atjar
een bijgerecht, bijvoorbeeld seroendeng
eventueel een nagerecht

U kunt de rijsttafel zo uitgebreid maken als u wenst, door bijvoorbeeld meer sajoers, sambalans en meer vleesgerechten te serveren.
Als nagerecht kan men eventueel een zoet gerecht nemen. Bijvoorbeeld een vruchtenslaatje (Roedjak manis) of gebakken banaan (pisang goreng).

Het dekken van de tafel moet aan enkele specifieke eisen voldoen.

De rijst wordt gegeten uit een diep bord met een lepel en een vork. Het mes dient alleen om een bepaald gerecht fijner te snijden.

De tafel ziet er als volgt uit:

Op een groot plat bord zet u een diep bord, waarbij u aan de linkerkant de vork en aan de rechterkant de lepel en het mes legt. Rechts van het bord plaatst u een klein schaaltje of bordje voor de kroepoek. Daarboven zet u een glas en een vingerkommetje. Pudding of fruit eet u van kleine dessertbordjes.

De rijst wordt geserveerd in een open kom of schaal. De sajoer is het enige gerecht dat in een dekschaal wordt geserveerd, die gesloten op tafel komt.
Ook de vlees-, kip- en visgerechten doet u in open schalen of kleinere vleesschalen.
Sambalans, zuren en seroendeng doet u in kleine kommetjes.

Bij de rijsttafel kunt u ijswater, bier of spuitwater drinken. Eventueel een witte wijn.

sajoers en andere groentegerechten

Sajoers

Algemeen

Een sajoer wordt aan de rijsttafel toegevoegd om de rijst van saus te voorzien, omdat in de Indonesische keuken de rijst vrijwel altijd droog wordt geserveerd.

Sajoers bestaan uit één of meer groenten die gecombineerd kunnen worden met vlees, kip of vis en die bereid worden in hun eigen kookvocht of bouillon. Sajoers worden vrijwel altijd met uien en kruiden bereid.
Sajoers worden zelden gebonden. De verwerkte groenten worden 'bijtgaar' gekookt; ze zijn net niet helemaal gaar, waardoor ze knapperig blijven.

We geven hier enkele mogelijke combinaties, maar natuurlijk kunt u deze ook zelf samenstellen.
Snijd en combineer de groenten zo, dat ze er, bijvoorbeeld door de kleurencombinatie, fleurig en smakelijk uitzien.

Naast de "natte" groentegerechten (sajoers) kent de Indonesische keuken ook een aantal "droge" bereidingswijzen voor allerlei groentensoorten. Kool, boontjes en taugé worden veel toegepast, maar ook komkommer, aubergine en diverse bladgroenten worden wel gebruikt.
Sommige van deze groenten bestaan uit rauwe groenten met een apart sausje, als een soort salade. Alleen is de saus natuurlijk anders dan slasaus of mayonaise.

Een van de meest bekende groentegerechten is de gado-gado, een schotel van gemengde groente met een heerlijke pindasus.

Sajoer lodeh

1 groene paprika
1 aubergine
200 g sperziebonen
1 klein blikje bamboescheuten (reboeng)
½ spitskool
1 ui
1 tl ketoembar
2 teentjes knoflook
2 geraspte kemirienoten
½ tl laos
mespunt trassie
zout
olie
5 dl bouillon of water
2 cm santen of
1 el santen-mix

Bereiding:

Maak de groenten schoon en snijd deze zeer klein. Snipper de ui en pers de knoflook uit. Meng uien, knoflook, ketoembar, laos, kemirienoten, trassie en wat zout. Wrijf het mengsel fijn.

Fruit het kruidenmengsel in wat olie. Voeg 5 dl bouillon of water aan het kruidenmengsel toe. Voeg alle kleingesneden groente en de reboeng toe.
Laat het geheel aan de kook komen en op een zacht vuur gaar worden. Voeg daarna de stukjes santen of santen-mix toe en laat alles nog ca. 8 minuten zachtjes doorkoken.

Sajoer lodeh betawi

500 g jonge bamboespruiten
150 g in plakjes gesneden tempeh
100 g petehbonen
½ blok santen
1 ui
4 el geraspte kokos
4 teentjes knoflook
2 el gebakken ui

Kruiden:
2 tl trassie
1 el ketoembar
4 cm sereh
1 tl laos
zout

Bereiding:

Kook de bamboespruiten, tempeh en petehbonen gaar in water met wat zout.
Giet het water grotendeels af, maar laat voldoende in de pan om het gerecht te laten sudderen.

Voeg de kruiden hieraan toe. Het mengsel laten sudderen terwijl u de santen er langzaam door roert.
Vlak voordat u het gerecht opdient, strooit u er wat gebakken uitjes over.

Sajoer taugé

250 g taugé
1 ui
2 teentjes knoflook
1 tl sambal oelek
$^{1}/_{4}$ tl trassie
1 tl laos
zout
olie
5 dl bouillon of water
schepje suiker
citroensap of azijn
3 cm santen of
2 el santen-mix

Bereiding:

Snijd de ui klein en pers de knoflook uit. Meng uien, knoflook, sambal, trassie en laos met wat zout en wrijf het geheel fijn.
Fruit het kruidenmengsel in wat hele olie gedurende ongeveer 2 minuten. Voeg de bouillon of water, een schepje suiker, scheutje citroensap, santen en taugé toe.
Laat dit alles even goed doorkoken en roer het gerecht goed door.
De taugé mag niet te lang koken omdat ze anders de knapperigheid verliest. Proef of de taugé nog stevig is.

Sajoer bajem

3 maïskolven, of 1 klein blikje maïskorrels
½ kilo spinazie
1 ui
¼ tl trassie
5 dl bouillon of water
zout

Bereiding:

Snijd de ui klein en meng deze met de trassie en een beetje zout. Wrijf dit fijn.
Breng de bouillon of het water aan de kook. Voeg het kruidenmengsel en de in stukken gesneden maïskolven, of de maïskorrels toe. Kook de maïs in ongeveer 10 minuten gaar.
Maak de spinazie goed schoon en was deze. Voeg de hele spinaziebladjes aan de maïs toe.
Laat alles nu nog ca. 3 minuten doorkoken tot de spinazieblaadjes bijna gaar zijn.
Meteen serveren.

Sajoer oelih

500 g sperziebonen
250 g taugé
5 dl bouillon of water
2 cm santen of 3 el santenmix
2 uien
2 teentjes knoflook
2 theelepels sambal oelek
2 geraspte kemirienoten
1 theelepel kentjoer
zout
olie

Bereiding:

Snijd de uien klein en pers de knoflook uit. Meng uien, knoflook, sambal, kemirienoten en kentjoer met wat zout. Wrijf alles fijn en fruit dit kruidenmengsel in wat hete olie gedurende ca. 2 minuten.

Voeg de bouillon of het water en de sperziebonen toe. Kook de boontjes bijna gaar. Voeg dan de taugé en de santen toe en laat alles nog ca. 3 minuten doorkoken.

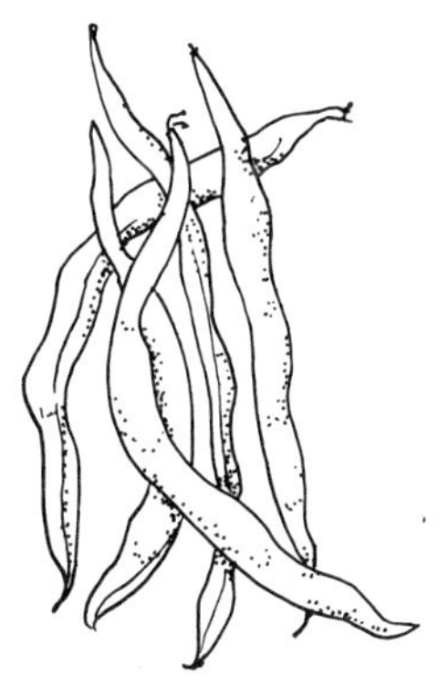

Sajoer boontjes

500 g sperziebonen
1 ui
2 teentjes knoflook
2 tl sambal oelek
1 tl laos
$^1/_4$ tl trassie
5 dl bouillon of water
zout
olie
schepje suiker
sap van een $^1/_2$ citroen
1 cm santen of 1 el santen-mix

Bereiding:

Snijd de ui klein en pers de knoflook uit. Meng de ui met de knoflook, sambal, trassie, laos en wat zout en wrijf het geheel fijn.
Fruit de kruidenmix gedurende ca. 2 minuten in wat hete olie.
Voeg de schoongemaakte sperziebonen en de bouillon, of het water, toe. Breng het geheel aan de kook en laat de boontjes in ongeveer 10 minuten bijna gaar koken.

Voeg tenslotte het citroensap, een schepje suiker en de santen toe en laat dit alles nog 2 minuten goed doorkoken.

sajoer kool

- ½ groene, savooie of witte kool
- 1 ui
- 2 teentjes knoflook
- 1 tl sambal oelek
- 1 tl laos
- ¼ tl trassie
- 5 dl bouillon of water
- zout
- olie

Bereiding:

Snijd de ui klein en pers de knoflook uit. Meng de ui met de knoflook, sambal, trassie, laos en wat zout en wrijf het geheel fijn.
Fruit de kruidenmix in wat olie gedurende ca. 2 minuten.
Voeg de schoongemaakte en kleingesneden kool toe en laat deze even meefruiten.
Voeg de bouillon of het water toe en laat de kool in ca. 6 minuten bijna gaar worden.

Sajoer tjampoer

500 g gemengde groente (sperziebonen, wortel, bloemkool, spruiten, witte/groene of savoye kool, taugé, aubergine etc.)
1 ui
2 teentjes knoflook
3 dl bouillon of water

Kruiden:
1 tl laos
2 tl sambal oelek
2 tl ketoembar
½ tl koenjit
2 el ketjap manis
zout
olie

Bereiding:

Snijd de ui klein en pers de knoflook uit. Meng de ui met de knoflook, sambal, laos, ketoembar, koenjit en wat zout. Wrijf het geheel fijn.
Fruit de kruidenmix in wat hete olie gedurende ca. 2 minuten.
Voeg de schoongemaakte en kleingesneden groenten en de ketjap toe. Laat dit alles nog een paar minuten meefruiten.
Voeg tenslotte de bouillon of het water toe en laat alles nog ca. 6 minuten doorkoken.

Sajoer keloewek

400 g kleingesneden kip
4 keloewek pitten
1 spaanse peper, fijngesneden
1 ui
asemwater
½ tl laos
2 cm sereh
½ tl koenjit
olie
zout

Bereiding:

Snijd de ui fijn en bak deze met de peper in wat olie. Bak de stukjes kip met de kruiden en het zout een paar minuten mee.
Meng het asemwater onder voortdurend roeren hier doorheen. Doe een deksel op de pan en laat dit alles doorkoken tot het gaar is.

sajoer asem

250 g sperziebonen
½ komkommer
5 dl bouillon of water
1 ui
2 teentjes knoflook
1 tl sambal oelek
1 tl laos
2 geraspte kemirienoten
½ tl trassie
zout
olie
asemwater, citroensap of een beetje azijn

Bereiding:

Snijd de ui klein en pers de knoflook uit. Meng ui, knoflook, sambal, laos, kemirienoten en trassie met wat zout. Wrijf dit alles fijn. Fruit dit kruidenmengsel gedurende 2 minuten in wat hete olie. Voeg de bouillon of het water toe.
Maak de sperzieboontjes schoon en voeg deze toe. Laat de boontjes halfgaar worden en voeg dan de in stukken gesneden komkommer toe. Laat alles gedurende een paar minuten verder gaar worden op een zacht vuur.
Voeg op het laatst het asemwater, citroensap of wat azijn toe en laat dit alles nog ca. 3 minuten doorkoken op een laag vuur.

Sajoer goelai

300 g sperziebonen
1 aardappel
5 dl bouillon of water
2 cm santen of 2 el santenmix
1 ui
2 teentjes knoflook
1 tl laos
1 tl djahé
1 tl koenjit
zout
4 eieren

Bereiding:

Snijd de ui klein en pers de knoflook. Meng de ui met de knoflook, sambal, laos, djahé, koenjit en wat zout. Wrijf dit fijn.
Maak de boontjes schoon en breek deze. Schil de aardappel en snijd deze in kleine blokjes.
Voeg aan de kokende bouillon, of het kokende water het kruidenmengsel, de stukjes aardappel, de boontjes en de santen toe.
Laat dit alles op een laag vuur gaar worden.
Breek voorzichtig de eieren en laat deze een voor een stollen.
Vooral niet meer roeren!

De sajoer is ook zeer smakelijk zonder het eitoevoegsel.

Sajoer tahoe

1 blok tahoe
1 gesnipperde ui
250 g kip (voor de bouillon)
200 g tempeh
1 el fijngehakte selderie
1 el fijngehakte peterselie
2 el olie
foelie
1 daon salam
zout

Bereiding:

Maak een bouillon van de kip met de foelie, daon salam en zout. Haal de kip er uit en snijd deze in kleine stukjes.
Snijd de plakjes tahoe en de tempeh in dobbelsteentjes.
Deze worden licht in wat olie gefruit. Voeg hieraan de bouillon en de in stukjes gesneden kip toe.
Laat dit alles een paar minuten doorsudderen.
Strooi vlak voor het opdienen van het gerecht de gehakte peterselie en selderie er overheen.

Sajoer koening

250 gr sperzieboontjes
250 g runderpoulet
1 ui
2 teentjes knoflook
1/8 blok santen
5 dl water
2 el ketjap
citroensap
olie
1 tl sambal oelek
1/2 tl laos
1 tl ketoembar
1 tl koenjit
1/2 tl trassie

Bereiding:

Snijd de ui fijn en pers de knoflook. Meng de ui en de knoflook met de sambal, laos, ketoembar, koenjit, trassie en wat zout en wruijf dit fijn.
Fruit dit mengsel een paar minuten in de olie. Laat de poulet in ruim water aan de kook komen en voeg het kruidenmengsel toe, evenals de boontjes. Het gerecht moet op een zacht vuur gaar sudderen. Tenslotte voegt u de ketjap, santen en wat citroensap toe.
Dit alles nog enkele minuten goed doorkoken.

Sajoer toemis

¼ groene kool
2 preien
1 winterwortel
½ bosje selderie
250 g taugé
200 g garnalen
2 uien
2 teentjes knoflook
5 dl bouillon
3 el ketjap
olie

Bereiding:

Was de groenten en snijd ze fijn.
Snijd de ui fijn, pers de knoflook uit en fruit beide in wat olie.
Voeg de bouillon toe. Laat dit alles aan de kook komen en voeg de ketjap toe. Doe alle groente behalve de taugé erbij.
Laat alles op een laag vuur gaar worden. Voeg dan pas de taugé en de garnalen toe. Laat alles nog even doorkoken, maar de taugé moet knapperig blijven.

Sajoer toemis pollong

400 g doperwtjes (diepvries)
200 g garnalen
2 teentjes knoflook
1 spaanse peper
2 fijngesneden uien
zout
2 el asemwater
2 el olie
1/8 blok santen
1 tl laos
1 tl trassie

Bereiding:

Fruit de uien met de uitgeperste knoflook, de peper en de garnalen in de olie met de laos, trassie en wat zout.
Voeg hieraan de erwtjes, asemwater en santen toe. Roer dit alles goed door. Leg een sluitend deksel op de pan en laat het geheel op een zacht vuur gaar koken. Controleer af en toe of het niet teveel inkookt. Zonodig steeds wat vocht toevoegen.

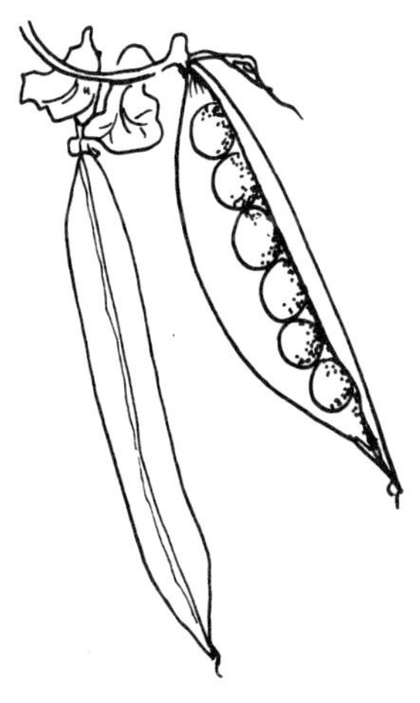

Sajoer sambal godok

100 g garnalen
100 g sperziebonen
300 g snijbonen
100 g tuinbonen
1 ui
5 teentjes knoflook
1/4 blok santen
2 spaanse pepers
4 kemirienoten
1 dl water
2 tl trassie
1 tl laos
1 tl ketoembar
zout
olie

Bereiding:

Snijd de ui fijn, pers de knoflook uit en wrijf de spaanse peper fijn. Fruit dit mengsel in wat olie.
Meng de trassie, ketoembar, laos en wat zout met de kemirienoten en een deel van de aangelengde santen en roer dit door het kruidenmengsel.
Voeg de garnalen toe en de half gaar gekookte boontjes. Laat dit geheel op een zacht vuur gaar worden, terwijl u voorzichtig de resterende santen erdoor mengt.

Sajoer kerrie djawa

250 g runderpoulet
4 sjalotten
200 g sperziebonen, half gaar gekookt en in grove stukken gesneden
4 aardappelen in dobbelsteentjes gesneden
2 teentjes knoflook
1 ontpitte rode spaanse peper
1 st sereh
2 daon salam
$^1/_4$ blok santen
2 el boter
zout
suiker

Kruiden:
2 schijfjes gember
2 tl koenjit
2 tl ketoembar
$^1/_2$ tl djintan
1 tl trassie

Bereiding:

Trek van de runderpoulet een bouillon en laat deze iets afkoelen.
Snijd de sjalotten, knoflook en peper heel fijn en vermeng deze met de kruiden en wat zout.
Fruit dit kruidenmengsel een paar minuten in de boter. Voeg de sereh en de daon salam toe.
Dit alles gaat in de nog warme bouillon. Sluit de pan goed af met een deksel en laat alles op een laag vuur gedurende ongeveer 5 minuten doorsudderen.
De bouillon moet zachtjes blijven koken.
Voeg de blokjes aardappel en de stukken boontjes toe en laat het geheel weer aan de kook komen.
Nu worden de santen toegevoegd.
Blijf roeren tot de santen geheel is gesmolten.
Tenslotte voegt u suiker naar smaak toe. Met het deksel op de pan laat u de sajoer koken tot de boontjes bijna gaar zijn.

Soto ajam

750 g kip in stukken gesneden
2 fijngesneden rode uien
2 fijngesneden witte uien
100 g garnalen
50 g laksa
2 el ketjap
3 aardappelen
200 g gesneden savoyekool

Kruiden:
1 tl koenjit
2 schijfjes gember
4 cm sereh
peper en zout

Bereiding:

Kook de stukken kip met de kruiden gaar. Fruit de rode en witte uien. Voeg aan de kip de gebakken uien, kool, garnalen, laksa en de in schijfjes gesneden aardappel toe. Voeg de ketjap toe en kook het geheel gaar.

Voor de bijbehorende sambal moet u de volgende ingrediënten vermengen:

3 gepofte kemirienoten
2 rode spaanse pepers
1 tl trassie
1 el petis
zout
sap van 1 uitgeperste citroen

Toemis kool

500 gram fijngesneden savoyekool
50 gr gepelde garnalen
2 teentjes knoflook
1 rode Spaanse peper
½ l water
¼ blok santen
1 gesnipperde ui
2 el olie

Kruiden:
2 tl ketoembar
1 tl trassie
zout

Bereiding:

Vermeng de fijngesneden peper, ui en knoflook met de kruiden en fruit dit mengsel in olie lichtbruin. Voeg vervolgens de fijngesneden kool toe.

Roer de kool goed door het kruidenmengsel en blus het geheel met ongeveer 1 dl water. Kook de kool even op en voeg dan de garnalen, de rest van het water en de santen toe.
Kook alles in ongeveer 20 minuten op een niet te hoog vuur gaar.

Toemis pollong I

100 gram diepvries doperwten
100 gram gepelde garnalen
4 sjalotten
2 el olie
asem
zout
3 dl water
1/4 blok santen

Kruiden:
1/2 tl trassie
1 tl laos

Bereiding:

Snijd de sjalotten fijn en vermeng ze met de trassie en de fijngestampte laos. Fruit dit mengsel een paar minuten in de olie. Voeg de garnalen toe en laat ze even meefruiten. Blus het vervolgens af met water en doe de santen en de doperwten erbij.
Laat dit alles zachtjes koken tot de doperwten gaar zijn.
Meteen serveren.

Toemis pollong II

200 gram peultjes
200 gram gepelde garnalen
4 gesnipperde sjalotten
2 teentjes knoflook
2 rode Spaanse pepers
2 el citroensap
1 el ketjap
2 el olie

Kruiden:
1 tl laos
1 tl trassie
zout

Bereiding:

Stamp de kruiden met de fijngesneden pepers, sjalotten en knoflook fijn en fruit ze een paar minuten in de olie.
Voeg de garnalen en peultjes aan dit mengsel toe en laat dit erven aan de kook komen. Blus het geheel met genoeg vocht, zodat alles langzaam gaar kan koken.
Wanneer de peultjes gaar zijn, doet u er ketjap en citroensap bij. Laat dit alles nog 2 minuten op een zacht vuur koken.

Toemis katjang

250 gr sperziebonen
2 uien
2 teentjes knoflook
1 rode Spaanse peper
zout
3 el olie
2 el citroensap
1 el ketjap
suiker

Kruiden:
2 tl ketoembar
½ tl djintan
1 tl trassie

Bereiding:

Bak de fijngesneden ui, uitgeperste knoflook, peper, sperziebonen met de kruiden in de olie. Doe er dan zoveel water bij, dat de groente net onder staat. Voeg citroensap en suiker toe en kook het geheel met het deksel op de pan langzaam gaar.

Maak het gerecht op smaak af met ketjap.

Toemis witte kool

250 gram fijngesneden witte kool
2 fijngesneden uien
2 teentjes knoflook
2 groene Spaanse pepers
1 tl trassie
2 el citroensap
1 el ketjap
zout
3 el olie

Bereiding:

Fruit de fijngesneden kool, gesnipperde uien, uitgeperste knoflook en peper met trassie en zout in olie. Doe er dan zoveel water bij, dat de kool net onder staat. Voeg citroensap toe en kook het geheel langzaam met een deksel op de pan gaar.

Als de kool gaar is, maakt u het gerecht op smaak af met ketjap.

Tegeté

400 gram fijngesneden witte kool
1 fijngesneden ui
2 teentjes knoflook
1 rode Spaanse peper
1 tl kentjoer
1 tl temoe koentji
1 tl trassie
zout

Bereiding:

Doe de gesneden kool in de pan met zoveel water, dat ze net onder staat.
Doe er dan de ui, uitgeknepen knoflook, fijngewreven peper en de kruiden bij.
Laat het geheel langzaam aan de kook komen en op een laag vuur gaar koken.

U kunt ook andere koolsoorten gebruiken in plaats van de witte kool.

Lodèh oedang

100 gr gepelde garnalen
1 in schijfjes gesneden aubergine
100 gr sperziebonen
1 rode paprika
1 gele paprika
2 groene Spaanse pepers
100 gr witte kool
4 rode uien
4 t knoflook
1 tl trassie
1 sch laos
100 gr boter
zout
1 el ketjap
$^3/_4$ l melk

Bereiding:

Snijd de uien in ringen, de knoflook in dunne schijfjes. Maak de laos en de pepers zo fijn mogelijk. Fruit dit alles met trassie in de boter lichtbruin. Doe er vervolgens de grofgesneden groenten bij en bak het geheel een paar minuten. Blus het dan met $^3/_4$ liter melk af, voeg de garnalen en het zout toe en kook dit alles tot de groenten bijna gaar zijn.
Maak het gerecht op smaak af met ketjap.

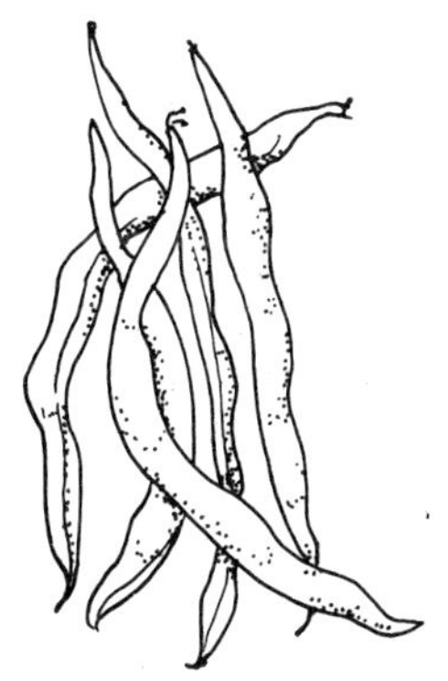

Kaldoe djawa

500 gr runderpoelet
1 l water
200 gr savoyekool
2 el gehakte selderie
1 prei
100 gr peultjes
50 gr laksa
50 gr gepelde garnalen
25 gr sedep malem
25 gr koeping tikoes
zout
peper
sojasaus
citroensap

Bereiding:

Trek een bouillon van runderpoelet. Snijd de groenten fijn en kook deze samen met de laksa, garnalen, sedep malem en koeping tikoes gaar in de bouillon.
Voeg zout, peper, sojasaus en citroensap naar smaak toe.

Pittige groentenkerrie

500 gr gemengde
groenten naar keuze
1/4 bl santen
2 dl water
zout
2 el olie
2 el geraspte kokos

Kruiden:
1/2 tl koenjit
1 el ketoembar
1 tl djintan
3 Spaanse pepers
1 gesnipperde rode ui
4 t knoflook
1 cm laos5 cm sereh
5 geraspte kemirienoten

Bereiding:

Kook de groenten bijna gaar. Bak de kruiden met de geraspte kokos in de olie. Voeg de groenten toe met wat kookvocht en roer alles goed door elkaar tot het geheel dik is. Vervolgens roert u de santen erdoor en u laat het gerecht zachtjes koken tot de olie eruit komt.

Gado-gado

200 gr sperziebonen
10 gr worteltjes
1/2 komkommer
1/4 witte, of savooie kool
1/2 bloemkooltje
100 gr taugé
3 gekookte aardappelen
2 tomaten
2 hardgekookte eieren
1 ui
olie

Voor de saus:
1 ui
2 teentjes knoflook
1 tl sambal oelek
1/4 tl trassie
zout
olie
1/2 pot pindakaas
2 el ketjap manis
1 el bruine suiker (goela Djawa)
asemwater, of citroensap, of azijn
stukje santen (1 cm) of 1 el santenmix
3 dl water
kroepoek of kriepiek

Bereiding:

Maak de sperzieboontjes schoon, schrap de worteltjes en snijd ze in plakjes, schil de komkommer en snijd hem in plakken, snijd de kool fijn, maak de bloemkool schoon en snijd hem in roosjes. Kook de groenten in weinig water met wat zout halfgaar. Leg de groentes op een schaal met de taugé, de in stukjes gesneden aardappel, de in plakjes gesneden tomaten en schijfjes ei. Snijd de ui klein en fruit deze lichtbruin in hete olie.

Bereiding saus:

Snijd de ui klein, maak de knoflook schoon en pers hem uit. Vermeng de ui, knoflook, sambal, trassie met wat zout. Wrijf het mengsel fijn en fruit het in wat hete olie ca. 3 minuten. Voeg pindakaas, ketjap, suiker en het asemwater, of citroensap toe. Roer alles goed door elkaar en voeg dan de santen en het water toe. Laat de saus nog even doorkoken en schenk hem dan over de groenten. Garneren met de gebakken ui en kroepoek, of kriepiek.
Gado-gado gaat uitstekend samen met vlees,- kip- en visgerechten, atjar en andere droge gerechten.

vleesgerechten

Smoor

500 g runderlappen
1 grote ui
2 el ketjap manis
2 teentjes knoflook
olie
citroensap
water
zout
peper
nootmuskaat

Bereiding

Snijd het vlees in grote stukken. Meng de ketjap met wat citroensap, zout en peper en voeg de stukken vlees hier aan toe. Laat het vlees een half uur in de marinade staan. Snijd de uit klein, maak de knoflook schoon en pers deze uit. Verhit de olie en braad het vlees rondom bruin. Voeg de ui en de knoflook toe en laat alles even bakken. Voeg iets nootmuskaat toe en zoveel water dat het vlees onder staat.
Laat het vlees op een zacht vuur in ca. 1 uur gaar worden. Voeg eventueel voor het opdienen nog wat ketjap toe.

Dit is uitstekend te combineren met een atjar, kroepoek en sambal.

Smoor daging

500 g mager rundvlees
1 ui
2 teentjes knoflook
1 tl djahé
2 el ketjap manis
3 el tomatenpuree
olie
water
nootmuskaat
zout
peper

Bereiding:

Snijd de ui klein, maak de knoflook schoon en pers hem uit. Meng de ui met de knoflook en het djahépoeder.

Verhit de olie en fruit dit mengsel gedurende ongeveer 2 minuten.

Snijd het vlees in kleine blokjes en voeg dit toe. Laat het vlees aan alle kanten mooi bruin worden.

Voeg de ketjap en zoveel water toe dat het vlees net onder staat. Laat dit alles aan de kook komen en voeg dan de tomatenpuree, wat nootmuskaat en zout en peper naar smaak toe.

Laat het vlees op een zacht vuur in ongeveer 1 uur gaar worden.

Smoor lidah

1 rundertong (1 uur gekookt met kruidnagelen, zout en peper)
3 el olie
1 st sereh
250 g aardappelen (in schijven)
2 dl water
50 g laksa (geweekt en uitgelekt)
1 tl koenjit
1 tl trassie
6 sjalotjes
2 teentjes knoflook

Bereiding:

Maak de knoflook schoon en pers hem uit, snijd de sjalotjes fijn en meng dit met de trassie en koenjit. Fruit dit kruidenmengsel in wat olie.
Voeg de in dobbelsteentjes gesneden tong, aardappelen en in stukjes gesneden serehstengel toe.
Wanneer u alle ingrediënten goed vermengd hebt, voegt u het water toe en laat het geheel 30 minuten zachtjes koken.
Op het laatst mengt u de laksa door het mengsel, waarna het klaar is om opgediend te worden.

Smoor ginjal

200 g niertjes
4 dl water
4 el azijn
3 el slaolie
2 uien (in ringen gesneden)
3 el ketjap
$^{1}/_{4}$ bl santen
2 el citroensap
2 el gehakte peterselie
2 teentjes knoflook
2 rode Spaanse pepers
1 sch gember
3 kruidnagelen
1 tl bruine suiker

Bereiding:

Vermeng het water met de azijn en leg de niertjes hierin. Laat dit een half uur staan en laat ze vervolgens uitlekken. Snijd ze in dobbelsteentjes. Fruit de uien met de fijngemaakte spaanse peper de uitgeperste knoflook, de gember, kruidnagelen en bruine suiker ongeveer 2 minuten in wat olie.
Daarna voegt u het vlees en zoveel heet water toe, dat de niertjes goed onder staan. Voeg hieraan de ketjap toe.
Doe een deksel op de pan en laat de niertjes gaar worden. Vervolgens voegt u santen en citroensap toe en laat het geheel nog 5 minuten doorkoken.
Voeg de gehakte peterselie toe vlak voor het opdienen.

Een pittige sambalsaus past goed bij dit gerecht.

Rendang

500 g rundvlees
1 grote ui
1 el sambal oelek
3-4 el bruingebraden kokos
1 stuk santen (1 cm)
1 el ketoembar
1 tl koenjit
1 sch laos
1 st sereh
2 tl azijn
olie
zout
water

Bereiding:

Snijd het vlees in kleine blokjes. Snijd de ui fijn en meng deze met de sambal de laos en wat zout. Fruit dit mengsel ongeveer 2 minuten in wat olie.
Voeg de blokjes vlees toe en laat dit snel aan alle kanten bruin worden.
Voeg zoveel water toe dat het vlees net onder staat.
Voeg nu een scheutje azijn en de santen toe. Laat het gerecht ongeveer 1 uur op een zacht vuur gaar worden.
Dit alles moet helemaal droog koken. Al het vocht moet ingekookt zijn.
Dit gerecht smaakt uitstekend bij sajoer boontjes.

Rawon daging

500 g mager rundvlees
2 blaadjes djeroek
poeroet
3 el ketjap manis
1 ui
2 teentjes knoflook
½ tl trassie
1 tl koenjit
1 tl laos
1 tl ketoembar
2 tl goela djawa
olie
water
zout

Bereiding:

Snijd de ui fijn, maak de knoflook schoon en pers hem uit. Meng de ui, knoflook, trassie, koenjit, laos, ketoembar en goela djawa. Wrijf dit fijn en fruit dit mengsel gedurende 2 minuten in wat olie.
Snijd het vlees in blokjes en zet dit met wat water en zout op.
Laat het vlees op een zacht vuur half gaar koken.
Voeg het kruidenmengsel aan de bouillon en het vlees toe samen met de djeroek poeroetblaadjes en de ketjap.
Laat dit alles op een zacht vuur in ongeveer een half uur gaar smoren.
Hierbij past uitstekend een sajoer taugé, atjar taugé en kroepoek.

Daging setan

400 g runderlappen
(met een randje vet)
1 ui
2 teentjes knoflook
2 tl sambal oelek
2 el ketjap manis
2 el azijn
1 tl bruine suiker
1 dl water
olie
zout

Bereiding:

Snijd de ui fijn, maak de knoflook schoon en pers hem uit. Meng de ui, knoflook, sambal, suiker en wat zout. Wrijf alles zeer fijn.
Besmeer de runderlapjes met dit kruidenmengsel en laat het ongeveer 1 uur intrekken.
Verhit de olie en bak het vlees snel aan beide kanten bruin.
Voeg het water toe met de ketjap en azijn en laat het vlees in ongeveer 1 uur op een laag vuur gaar stoven.

Hierbij kunt u bijvoorbeeld gado-gado en atjar tjampoer serveren.

Oseeh-Oseeh

500 g rundvlees
2 uien
5 teentjes knoflook
1 el sambal
5 kemirienoten
2 tl asem
dikke santen
stukje citroenschil
olie
2 el ketoembar
½ st sereh
¾ el djintan
1 sch laos
1½ tl zout
1 tl trassie

Bereiding:

Snijd het vlees in kleine dobbelsteentjes. Snijd de uien fijn, maak de knoflook schoon en pers hem uit. Maal de kemirienoten, en meng alle ingrediënten, behalve de sereh, citroenschil en santen.
Braad de rest met de blokjes vlees snel aan in de olie.
Voeg de sereh, santen en citroenschil toe en u laat het gerecht zachtjes inkoken tot de olie eruit komt.

Empal daging

500 g rundvlees
$^{3}/_{4}$ l water
olie
1 sch laos
1 l asem
zout

Bereiding:

Snijd het vlees in dobbelsteentjes. Kook het vlees met de kruiden langzaam gaar tot het water bijna helemaal verdampt is.
Laat het vlees koud worden en bak het tenslotte in de hete olie.

Kerrie bengala rundvlees

500 g rundvlees
2 aardappelen
1 ui
4 teentjes knoflook
1/2 blok santen
2 el ketoembar
1 tj koenjit
2 bolletjes
gesnipperde gember
1 el sambal
olie
zout

Bereiding:

Snijd het vlees in stukjes en de aardappelen in dobbelsteentjes. Kook het vlees half gaar in water met wat zout. Haal het vlees uit de bouillon en bewaar het kookvocht. Bak de gesnipperde ui met de uitgeperste knoflook en de kruiden in wat olie en voeg hier het vlees aan toe.
Bak het vlees onder voortdurend roeren in het kruidenmengsel. Voeg de blokjes aardappel, de snaten en wat bouillon toe en kook het geheel langzaam gaar.
Wanneer het gerecht te droog dreigt te worden, kunt u eventueel wat bouillon toevoegen.
Het gerecht is klaar wanneer de blokjes aardappel gaar zijn.

Dendeng agee

500 g rundvlees
4 teentjes knoflook
1 ui
1 l asem
50 gr geraspte kaas
$^1/_4$ bl santen
olie
1 el ketoembar
$^1/_2$ el djintan
1 sch laos
peper
zout

Bereiding:

Kook het vlees bijna gaar en snijd het in stukken. Vermeng de asem met zout, ketoembar en djintan en wrijf het vlees hiermee in.
Bak het vlees vervolgens in de olie. Voeg de gesneden ui, knoflook met de peper, de santen en de kokos toe en braad het geheel tot de kokos helemaal bruin is.

Brongkos daging

500 g rundvlees
4 rode uien
asem
1 dl dikke santen
4 el olie
1 rode Spaanse peper
lombok rawit (naar smaak)
2 kemirienoten
4 keloewek pitten
1 tl trassie
1 tl ketoembar
1 tl djintan
1 sch laos

Bereiding:

Maak de kruiden fijn. U kunt dat doen door ze te stampen, te malen of te snijden. Snipper de uien en vermeng deze met de kruiden en het in kleine stukjes gesneden vlees. Braad het vlees aan in wat olie en voeg de santen toe. Laat het gerecht net zo lang zachtjes koken tot de olie eruit komt.

Dendeng boemboe basa

500 g runderlappen
10 kermirienoten
4 rode uien
3 teentjes knoflook
1 l asem
1 tl ketoembar
1 tl djintan
1 tl trassie
1 stukje goela djawa
3 daon salam
olie
zout

Bereiding:

Vermeng de fijngesneden ui, knoflook, kemirienoten met de overige kruiden. Wrijf het vlees hiermee in. Bak de runderlappen snel bruin in de olie. Laat het vlees op een zacht vuur gaar sudderen.
Voeg zonodig steeds wat wat water toe.

Dendeng ragi

500 g rundvlees
1 fijngesneden ui
1 fijngesneden
Spaanse peper
200 gr geraspte kokos
olie
1 el asem
1 el ketoembar
½ el djintan
2 tl zout
½ tl peper

Bereiding:

Kook het vlees gedurende korte tijd en snijd het vervolgens in kleine blokjes. Wrijf het vlees in met een mengsel van de asem, zout, ketoembar en djintan, waarbij u van ketoembar en djintan de helft gebruikt.
Braad het vlees aan in de olie.
Meng de rest van de ketoembar en djintan met peper, de gesnipperde ui, Spaanse peper en kokos.
Voeg dit mengsel toe aan het vlees en braad het geheel goed door in veel olie, totdat de kokos helemaal bruin is.

Dendeng terih

500 g runderlappen
6 rode uien
2 dl water
2 el olie
1/4 bl santen
1 daon salam
3 kemirienoten
2 tl asem
1 tl ketoembar
1 1/2 tl trassie
1 sch laos
2 tl bruine suiker
zout

Bereiding:

Snijd het vlees in kleine lapjes.
Maak de kruiden fijn. Doe de lapjes vlees, de fijngemaakte kruiden, asem en santen in een pan met 2 dl water.
Kook het geheel tot het droog is en het vlees zacht. Eventueel kunt u de kooktijd verlengen, door telkens water in kleine hoeveelheden tegelijk toe te voegen.
Dit gerecht kunt u ook maken van stukken kip of lever.

Golie kodja

500 g runderlappen
3 uien
1 el asem
1 el ongekookte rijst
dikke santen
$^1/_2$ kopje water
olie
6 sch gember
1 el ketoembar
$^1/_2$ el djintan
1 el kaneel
$^1/_8$ tl koenjit
zout
$^1/_8$ tl foelie
4 kruidnagels

Bereiding:

Wrijf het vlees in met het in water fijngemaakte asem en bak het in olie snel aan alle kanten bruin. Snijd de uien fijn, en meng dit met de andere kruiden. Voeg dit kruidenmengsel samen met de rijst toe aan het vlees.
Bak het geheel nog even op hoog vuur door, terwijl u goed blijft roeren. Voeg nu de santen toe. Kook het gerecht zachtjes net zolang tot het vlees gaar en bijna al het vocht verdampt is.

Lapis daging

500 g runderlappen
½ dl ketjap
½ dl azijn
2 dl bouillon
paneermeel
boter
5 kruidnagelen
peper
zout
nootmuskaat (naar smaak)

Bereiding:

Wrijf de runderlapjes in met peper, zout en nootmuskaat en braad het in ruim boter aan.
Voeg de bouillon toe met de ketjap, azijn en de kruidnagelen en u laat het geheel zachtjes stoven tot het vlees gaar is.
De saus wordt op het laatst met de paneermeel gebonden.

Lapis benggala

500 g runderlappen
1 ui
6 teentjes knoflook
$^{1}/_{4}$ bl santen
1 el ketjap
bouillon
olie
1 sch gember
1 sch laos
4 cm sereh
nootmuskaat
zout
peper
$^{1}/_{2}$ dl trassie-water
3 daon djeroek
poeroet

Bereiding:

Wrijf de runderlappen in met de door elkaar gemengde kruiden. Snipper de ui, maak de knoflook schoon en pers hem. Braad het vlees samen met het kruidenmengsel bruin in de olie, samen met de gesnipperde ui en uitgeperste knoflook. Voeg het trassie-water, ketjap en daon djeroek poeroet toe en laat het geheel zachtjes aan de kook komen met de bouillon.
Voeg vervolgens de aangelengde santen toe en steeds iets water wanneer het mengsel te droog dreigt te worden.
Laat het gerecht langzaam sudderen tot het vlees gaar is.

Lapis ingris

500 g runderlappen
1 ui
3 geklutste eieren
bouillon
paneermeel
olie
2 el fijngesneden gember
1 el sambal oelek
4 kruidnagelen
peper
zout
nootmuskaat (naar smaak)

Bereiding:

Wrijf de lapjes vlees in met peper, zout en nootmuskaat naar smaak. Meng de fijngesneden uien met de sambal, de geklutste eieren en het zout. Wentel de lapjes vlees door dit mengsel.
Braad het vlees aan weerszijden bruin in de hete olie. Blus het geheel af met bouillon, waaraan u de kruidnagelen toevoegt.
Kook het geheel nog even door tot het vlees gaar is.
Haal het vlees uit de pan en bind tenslotte de saus met wat paneermeel.

Tangkar van vlees

500 g runderlappen
1 grote ui
4 teentjes knoflook
1 el sambal oelek
bouillon
5 kemirienoten
1 el asem
2 el fijngesneden gember
1 st sereh
½ tl koenjit
½ tl laos
1 tl trassie
4 daon djeroek poeroet

Bereiding:

Snijd de ui en knoflook fijn en maal de kemirienoten. Vermeng deze met de overige kruiden en 2 van de 4 blaadjes djeroek poeroet. Kook het vlees even in water en voeg dan het kruidenmengsel, zout en twee verse blaadjes djeroek poeroet toe.
Laat het gerecht zachtjes koken tot het vlees helemaal gaar is.

Babi smoor

400 g varkenslapjes met een klein randje vet
2 uien
4 el ketjap manis
1 tl nootmuskaat
scheutje azijn
2 dl water

Bereiding:

Snijd het vlees in blokjes. Breng het water aan de kook. Snijd de uien fijn. Voeg aan het kokende water het vlees, de ui, de ketjap en een scheutje azijn en de nootmuskaat toe.
Laat het gerecht op een zacht vuur gaar worden, waarbij het vocht tot de helft ingekookt dient te worden. Het gerecht kan uitstekend geserveerd worden met sajoer kool, gado-gado, een atjar en kroepoek.

Kerrie van varkensvlees

500 g varkensvlees in grove stukken
2 uien
½ blok santen
4 teentjes knoflook
2 daon djeroek
poeroet
olie
2 el ketoembar
1 tl koenjit
½el djintan
2 el gesnipperde gember
1 el sambal oelek

Bereiding:

Snijd het vlees in grove stukken en snipper de uien.
Fruit de uien in de olie. Bak de stukken vlees met de kruiden bruin onder voortdurend roeren.
Voeg nu het asemwater, de gefruite uien en de santen toe en kook het mengsel gaar.
Eventueel kunt u de saus verdunnen met wat bouillon. Het gerecht mag niet te droog worden.

Karbonade met ketjap en citroen

8 karbonades
1 dl ketjap
2 l water
citroensap
boter
zout
peper
nootmuskaat

Bereiding:

Wrijf de karbonades in met de kruiden. Maak een sausje van het citroensap, de ketjap, boter en water. Rooster de karbonades terwijl u ze voortdurend met de saus besprenkelt.
Leg de karbonades in een ovenschotel en begiet ze met de saus. Plaats de schaal in een matig voorverwarmde oven en laat ze langzaam gaar worden.
Draai ze af en toe om en besprenkel ze regelmatig met de saus.

Kerrie ketjap

500 g varkensvlees
2 uien
2 dl ketjap
4 cm sereh
olie
1 tl koenjit
1 tl trassie
1 cm laos
peper
zout

Bereiding:

Snijd het vlees in niet te kleine stukken en snipper de uien.
Kook het vlees met het zout in ruim water half gaar. Bak intussen de gesnipperde ui met de kruiden in wat olie aan.
Haal het vlees uit de bouillon en laat het om en om bakken in het kruidenmengsel.
Voeg hieraan de ketjap, sereh en zoveel bouillon toe dat het vlees zachtjes gaar kan stoven zonder dat het aan kan bakken.
Voeg eventueel later nog wat bouillon toe als het teveel indikt.

Karbonades op Indische wijze

5 karbonades
1 ui
1 el bouillon
1 pisangblad
(diepvries)
boter
1 el fijngesneden djahé
1 el azijn
2 el ketjap
½ tl zout
½ tl peper

Bereiding:

Wrijf de karbonades in met de fijngemaakte kruiden en braad ze in boter aan. Voeg bouillon, ketjap en azijn toe.
Bedek vervolgens het vlees met het pisangblad en plaats hierop een zwaar gewicht zodat het vlees bedekt blijft. Laat het geheel ongeveer 15 minuten zachtjes smoren.
Daarna neemt u het gewicht weg en voegt nog wat bouillon toe.
Laat het gerecht met gesloten deksel verder gaar stoven.

Babi ketjap

500 g varkensvlees
6 sjalotjes
olie
1 dl water
2 el fijngesneden gember
½ dl ketjap
peper
zout

Bereiding:

Snijd het vlees in dobbelsteentjes en braad het in de olie. Voeg hieraan de fijngesneden sjalotjes, gember en de ketjap toe. Laat dit geheel tien minuten sudderen en doe er vervolgens wat water bij.
Het gerecht moet zachtjes blijven sudderen tot het vlees helemaal gaar is.

Babi tjao

500 g varkensvlees
4 teentjes knoflook
1 ui
1 prei
100 g doperwtjes
(diepvries)
bouillon
olie
zout
2 tl djaheh

Bereiding:

Snijd het vlees in stukken en wrijf het in met zout en djaheh. Snipper de ui en snijd de prei in dunne ringen.
Fruit de ui met de uitgeperste knoflook ongeveer twee minuten en braad vervolgens het vlees hierin. Voeg de gesneden prei en de erwtjes toe. Tenslotte wordt ook de bouillon toegevoegd, waarna u het mengsel onder af en toe roeren zachtjes laat stoven tot het vlees helemaal gaar is.

Babi taotjo

500 g varkensvlees
2 grote uien
4 teentjes knoflook
1 kopje jonge doperwtjes
1 kleine prei
boter
1 kopje taotjo
½ kopje ketjap
2 cm gember
½ tl peper
zout (naar smaak)

Bereiding:

Snipper de ui en snijd de prei in dunne ringen. Snijd het vlees aan reepjes en bak ze in de boter bruin. Hak de kruiden fijn, fruit ze ongeveer 2 minuten in wat olie en voeg ze aan het vlees toe. Laat dit een paar minuten meebakken.
Vervolgens doet u de erwtjes, prei, taotjo, ketjap en het water bij het mengsel, dat u heel langzaam onder af en toe roeren gaar laat sudderen.
Als het geheel teveel inkookt af en toe wat water toevoegen.

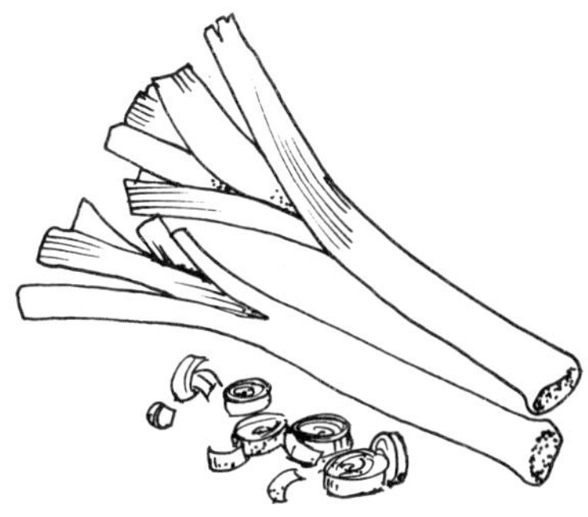

Babi merah

500 g varkensvlees
6 rode Spaanse pepers
4 teentjes knoflook
2 uien
½ bl santen
2 dl water
olie
1 sch laos
4 cm sereh
1 tl trassie
2 tl asem
zout

Bereiding:

Snijd het vlees in dobbelsteentjes. Maak de knoflook schoon en pers hem uiten snijd de ui fijn. Fruit de ui, knoflook, fijngehaakte pepers met de laos, sereh en trassie in een braadpan in wat olie.
Voeg de stukjes vlees en de asem toe. Wanneer het vlees bruin wordt, voegt u de aangelengde santen toe. Laat dit vervolgens zachtjes sudderen.
Als de jus dik genoeg is en het vlees helemaal gaar, is het gerecht klaar.

Babi boemboe tjin

500 g varkensvlees
2 grote uien
4 teentjes knoflook
1 losgeklopt ei
1 dl water
1 kleine prei
1 el meel
olie
5 kermirienoten
1 el ketoembar
$\frac{1}{2}$ tl djaheh
$\frac{1}{2}$ tl kentjoer
$\frac{1}{2}$ el djintan
peper
zout

Bereiding:

Snijd het vlees in dobbelsteentjes.
Maak de knoflook schoon en pers hem uit, snipper de ui en snijd de prei in dunne ringen.
Wrijf het vlees in met de gemengde specerijen.
Bak het vlees vervolgens in de olie rondom bruin.
Vermeng het geklopte ei met meel en voeg hieraan de fijngesneden prei, zout en peper toe.
Voeg dit mengsel beetje bij beetje aan het vlees toe.
Laat het geheel smoren tot het bijna droog is en het vlees gaar.

Babi prei

300 g varkensvlees
2 kleine preien
olie
3 Spaanse pepers
zout
4 el ketjap
peper
zout

Bereiding:

Snijd het vlees in dobbelsteentjes. Wrijf het in met zout en peper en braad het in de olie aan. Voeg de in ringen gesneden prei en fijngehakte pepers toe.
Wanneer de groente halfgaar is, voegt u ketjap met water, peper en zout toe.
Laat het geheel op een laag vuur koken tot het vlees helemaal gaar is.

Babi sajoeran

100 g varkensvlees
100 g prei
100 g selderie
1 el sambal oelek
1 grote ui
4 teentjes knoflook
2 el olie
2 dl bouillon
1 bl tahoe
1 tl trassie
1½ tl ketoembar
1 tl djinten
suiker
zout
2 dl ketjap manis

Bereiding:

Snijd het vlees in niet te grote stukken. Snijd de prei in ringen, de selderie en tahoe in blokjes.
Bak het vlees in wat olie met de tahoe een paar minuten tot het half gaar is.
Fruit de gesnipperde ui en uitgeperste knoflook met de kruiden gedurende twee minuten.
Voeg dit mengsel aan het vlees toe.
Doe er de prei en de selderie bij.
Roer alles goed door en voeg tenslotte de bouillon en de ketjap toe.
Laat alles nog even op een hoog vuur goed doorwarmen.

Babi koening

400 g varkensvlees
3 uien
3 teentjes knoflook
2 tl sambal oelek-trassi
1 tl koenjit
1 snufje serehpoeder
of een stukje citroen-
schil
1 el asemwater (of
citroensap of azijn)
1 blokje santen
zout
peper

Bereiding:

Snijd de uien klein, maak de knoflook schoon en pers hem uit.
Verhit wat olie en fruit hierin de uien en de knoflook ongeveer 2 minuten.
Snijd het vlees in blokjes. Vermeng de sambal, de koenjit, het serehpoeder, het asemwater met wat zout en peper.
Wentel het vlees door het kruidenmengsel en voeg dit aan het uien/knoflookmengsel toe.
Laat het vlees op een zacht vuur in ongeveer 45 minuten gaar en bruin worden.
Los de santen op en voeg deze aan het vlees toe.
Laat het gerecht nog 5 minuten zachtjes doorsudderen.

Dit gerecht smaakt uitstekend met een eenvoudige sajoer en een sambal.

Setan van vlees

500 g varkensvlees
2 uien
6 teentjes knoflook
2 el sambal
2 el ketjap manis
1 el mosterd
1/4 glas azijn
1 wijnglas madeira
1/2 kopje water
paneermeel
1 tl zout

Bereiding:

Snijd de uien fijn, maak de knoflook schoon en pers hem uit. Fruit de ui en knoflook met de sambal gedurende twee minuten. Bak de blokjes vlees even mee.
Vermeng ondertussen de ketjap met de mosterd, de azijn, het water en wat zout. Giet dit mengsel bij het vlees.
Laat het geheel een paar minuten sudderen. Voeg nu de madeira toe. Laat alles nog een paar minuten staan en bindt tenslotte de saus met wat paneermeel.

Laska goreng van varkensvlees

500 g varkensvlees
250 g frikadellen (kip of vlees)
1 bord geweekte laksa
100 g gekookte garnalen
150 g champignons
1 kleine, fijngesneden ui
1 grote ui
5 teentjes knoflook
150 g jonge peultjes
olie
boter
2 el taotjo
1 el fijngesneden peterselie
zout
peper

Bereiding:

Kook het in stukjes gesneden varkensvlees even in water en bak het daarna met de frikadellen in wat olie lichtbruin.
Snijd de ui fijn, maak de knoflook schoon en pers hem uit. Voeg de uien en knoflook, zout en de garnalen aan het vlees toe en bak dit alles even mee. Voeg een volle lepel boter, de groenten en de overige kruiden toe. Laat het geheel een paar minuten meebakken, waarna u het met de bouillon afblust. Breng vervolgens het gerecht met peper en zout op smaak.
Roer dit alles nog even goed door en laat nog een paar minuten doorkoken totdat het vlees helemaal gaar is.

Ritjah rodoh

250 g varkensvlees
50 g kouseband
100 g aubergine
150 g peultjes
1 blik maïs
4 groene Spaanse pepers
1 st sereh
4 sch gember
150 g koetjai
150 g kemangie
2 uien
zout

Bereiding:

Snijd het vlees in kleine stukjes. Wrijf de pepers, gember en uien met het zout fijn. Meng dit goed door elkaar. Kook het vlees met het kruidenmengsel zachtjes in ½ l water.
Voeg dan de fijngesneden groenten bij het vlees en laat het geheel nog ongeveer 30 minuten zachtjes koken tot de groenten helemaal gaar zijn.
Laat het vocht wat indikken want dit gerecht mag niet teveel saus hebben wanneer u het opdient.

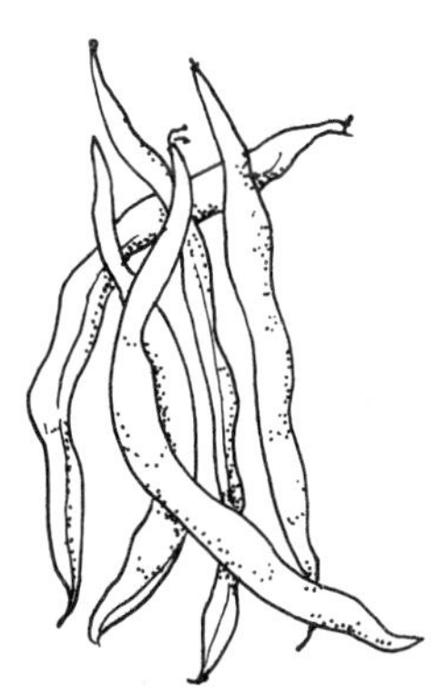

Bebotok

250 g rundergehakt
olie
1 ei
1 ui
2 teentjes knoflook
1 tl ketoembar
1 tl djintan
1/2 tl trassie
1/2 tl goela djawa (bruine suiker)
3 geraspte kemirienoten
2 tl sambal oelek
1 tl asemwater (of citroensap of azijn)
stukje (2 cm) santen

Bereiding:

Snijd de ui klein, maak de knoflook schoon en pers hem uit. Vermeng de ui met de knoflook, de ketoembar, de djintan, de trassie, de suiker, de kemirienoten, de sambal, het asemwater en wat zout.
Wrijf het geheel fijn. Verhit wat olie en bak hierin het kruidenmengsel gedurende 3 minuten. Voeg nu het gehakt toe en laat dit onder voortdurend roeren gaar en bruin worden. Los de santen op en vermeng dit met het ei.
Roer het vocht door het gehakt en blijf roeren tot het geheel ingedikt is. Neem het gehaktmengsel uit de pan.
Verdeel het over 8 stukjes aluminiumfolie van 10 × 10 cm.
Maak de pakjes netjes dicht en stoom ze in een vergiet boven een pan met kokend water gedurende 15 minuten.
Dit gerecht smaakt uitstekend bij gado-gado, sambal goreng boontjes, eiergerechten, atjar, kroepoek en sambal.

Gekruide frikadellen

250 g gehakt
2 rode uien
3 teentjes knoflook
1 ei
paneermeel
2 dl bouillon
100 g peultjes
½ blik gesneden bamboespruiten
maizena
boter
zout
peper

Bereiding:

Maak het gehakt aan met zout, peper, ei en paneermeel. Maak hier kleine balletjes van. Snipper de uien, maak de knoflook schoon en pers hem uit.
Fruit de uien en de knoflook in boter en braad direkt daarna de balletjes aan. Giet de bouillon erbij. Voeg dat de bamboespruiten en de peultjes toe. Sluit de pan en laat het geheel in ongeveer 30 minuten op een zacht vuur gaar stoven.
Eventueel kunt u het gerecht binden met wat maizena.

Frikadel basah

250 g rundergehakt
zout
peper
½ tl nootmuskaat
½ tl knoflookpoeder
1 el ketjap manis
2 sneetjes oud brood
melk
2 eieren
boter

Voor de saus:
1 kleine ui
2 teentjes knoflook
olie
1,5 dl water
2 el ketjap manis
3 el tomatenpuree
zout
peper

Bereiding:

Meng het gehakt met wat zout en peper, de nootmuskaat, het knoflookpoeder, de ketjap, de in wat melk geweekte sneetjes brood en de eieren.
Meng dit allemaal goed door elkaar en maak hier kleine gehaktballetjes van. Bak de balletjes in wat boter of olie tot ze bruin en gaar zijn.

Voor de saus:
Snijd de ui klein, maak de knoflook schoon en pers hem uit. Verhit wat olie en fruit hierin de ui en de knoflook in ongeveer 3 minuten. Voeg het water, de ketjap en zout en peper naar smaak toe.
Breng de saus al roerend aan de kook en voeg de tomatenpuree toe. Roer het geheel goed door en voeg de gebraden gehaktballetjes toe. Draai het vuur laag en laat het gerecht op een laag vuur ongeveer 10 minuten sudderen.

Frikadel taugé

250 g gehakt
200 g taugé
olie
1 tl sambal oelek
2 el ketjap manis
zout en peper

Bereiding:

Verhit de olie en voeg het gehakt toe. Onder voortdurend omscheppen het gehakt bruin en korrelig braden. Voeg de taugé, de sambal, de ketjap en zout en peper naar smaak toe.
Bak het gerecht op een vrij hoog vuur in ongeveer 5 minuten gaar en knapperig.
De taugé moet niet door en door gaar zijn, maar nog enigszins knapperig.

Serveer dit gehakt met een sajoer, atjar sambal en kroepoek

Frikadel smoor

250 g rundergehakt
1 tl knoflookpoeder
½ tl nootmuskaat
2 uien
3 el ketjap manis
olie
peper
zout
scheutje water

Bereiding:

Maak het gehakt aan met peper, zout, de nootmuskaat en het knoflookpoeder.
Maak kleine balletjes van het gehaktmengsel.
Verhit wat olie en bak hierin de gehaktballetjes in een paar minuten rondom bruin.
Snipper de ui en laat deze gedurende 3 minuten met de gehaktballetjes meebakken.
Voeg ketjap en een scheutje water toe en laat de gehaktballetjes in de saus in ca. 20 minuten goed gaar worden.

Dadar isi

250 g rundergehakt
4 eieren
2 uien
1 el bloem
125 g kokos
asem
zout
olie
2 kemirienoten
1 tl koenjit
1 sch laos
1 tl trassie
1/4 tl ketoembar

Bereiding:

Snijd de uien fijn en fruit deze met de fijngewreven kruiden gedurende twee minuten in olie goudbruin.
Voeg het gehakt toe en braad dit al omscheppend los.
Doe hierbij de kokos en de met water aangelengde bloem en bak het geheel droog.
Klop de eieren los, bak ze in de wadjan en vul deze met het gehaktmengsel.

Tomaten rempah daging

6 à 8 onrijpe tomaten
250 g runder- of kalfsgehakt
3 sjalotten
2 teentjes knoflook
1 Spaanse peper
2 eidooiers
zout
paneermeel
1 tl trassie
1 sch laos
2 tl ketoembar
½ tl djintan

Bereiding:

Hol de tomaten voorzichtig uit.
Hak de sjalotten en laos met de peper fijn. Maak de knoflook schoon en pers hem. Kneed dit mengsel met ketoembar, djintan, trassie, zout en eierdooiers door het gehakt.
Vul de tomaten met dit gehaktmengsel en zet ze op een met boter besmeerde schaal.
Strooi een beetje paneermeel over de tomaten en bedruip ze met boter.
Bak ze in een hete oven tot het korstje bruin is. De tomaten moeten zacht zijn.

Basôh van gevulde tahoe

200 g rundergehakt
1 ei
2 teentjes knoflook
1 tl zout
1 bl tahoe

Saus:
2 el pindakaas
zout
suiker
azijn
½ tl trassie
1 tl sambal oelek
2 el ketjap manis
1 fijngesnipperde ui

Bereiding:

Meng het geklopte ei, de knoflook uit de pers en het zout door het gehakt.
Snijd de tahoe in 4 dikke plakken en hol die voorzichtig uit.
Vul de uitgeholde tahoe met het gehaktmengsel en stoom de plakken in een rijststomer in 45 minuten gaar.

Voor de saus mengt u de pindakaas met ketjap, azijn, zout, suiker, trassie en sambal oelek.
Op het laatst doet u er de fijngesnipperde ui door. Wanneer de saus te dik is, voegt u beetje voor beetje wat heet water toe.
Serveer de gevulde tahoe met de saus erover gegoten.

U kunt deze saus eventueel vervangen door ketjapsaus (*zie: saté en satésauzen*).

Lelawar daging

500 g rundergehakt
2 uien
4 teentjes knoflook
3 daon djeroek
poeroet
dunne en dikke santen
zout
1 el ketoembar
½ el djintan
4 cm sereh
1 sch laos
1 tl peper

Bereiding:

Snijd de uien fijn, maak de knoflook schoon en pers hem uit. Bak de uien en knoflook in wat olie met de andere kruiden tot de uien geel worden.
Voeg het van tevoren gaar gekookte vlees toe samen met de dunne santen.
Laat het geheel net zolang koken tot het bijna drooggekookt is.
Voeg op het laatste moment de dikke santen toe en kook het gerecht nog een paar minuten al roerend door.

Lamsvlees met aubergines

4 plakken lamsbout (500 g)
2 el gesnipperde kruizemunt
2 teentjes knoflook
4 ontpitte groene Spaanse pepers
sap van 1 uitgeperste citroen
1 gesnipperde ui
100 g boter
5 in de schil gekookte aardappelen
2 aubergines
4 tomaten
zout
peper
suiker

Bereiding:

Snijd de groene pepers heel fijn en vermeng deze met de kruizemunt en de knoflook uit de pers. Meng dit met het het citroensap. Leg het vlees in dit mengsel en laat dit in het vlees trekken.
Braad het vlees in hete boter lichtbruin, blus het dan af met 1 l water. Doe het deksel op de pan en laat het vlees zachtjes sudderen.
Ontdoe ondertussen de aubergines van de steel en halveer ze in de lengte. Halveer de tomaten.
Snijd de aardappelen in plakken, de uien in grove ringen.
Wanneer het vlees gaar is, voegt u de groenten, zout, suiker en peper toe.
Schep alles voorzichtig om en laat het geheel nog ongeveer 5 minuten sudderen.

Daging ketjap

400 g lamslappen
2 uien
2 teentjes knoflook
2 dl water
3 el ketjap manis
sap van 1 citroen
olie
zout
peper

Bereiding:

Snijd de uien fijn, maak de knoflook schoon en pers hem uit. Verhit wat olie en fruit hierin de ui en de knoflook gedurende 2 minuten.
Snijd het vlees in dobbelsteentjes en bak deze in het uimengsel rondom bruin.
Voeg het water, het citroensap, de ketjap, zout en peper naar smaak toe.
Laat het geheel ca. 45 minuten op een zacht vuur gaar stoven.

Dit gerecht serveren met bijvoorbeeld sambal goreng boontjes, atjar en kroepoek.

Goelé arab

500 à 750 g lamsvlees
2 rode uien
2 teentjes knoflook
2 ontpitte rode
Spaanse pepers
½ bl santen
asem
zout
suiker
peper
2 el olie
1 sch laos
1 tl ketoembar
½ tl djintan
1 sch gember
1 tl anijs
1 mespunt foelie
1 cm kaneel

Bereiding:

Snijd de uien fijn, maak de knoflook schoon en pers hem uit. Fruit de uien, knoflook, fijngehakte pepers en kruiden in de olie gedurende 3 minuten.
Voeg hieraan het in grove stukken gesneden vlees toe, terwijl u goed blijft roeren.
Los de santen op in 2 dl heet water en giet het vocht bij het vleesmengsel.
Voeg suiker en zout naar smaak toe.
Laat dit alles op een laag vuur staan.
Het gerecht heeft ongeveer 1 uur nodig om gaar te koken.
Zo nu en voorzichtig alles roeren en als het teveel indikt wat water toevoegen.

Dendeng ati

250 g runderlever
2 uien
2 teentjes knoflook
2 el pindakaas
1 tl ketoembar
1 tl laos
1 tl djintan
½ tl trassie
1 tl bruine suiker
1 dl bouillon (eventueel van een blokje)
3 el ketjap manis
sap van een ½ citroen
water
zout
olie

Bereiding:

Zet de lever op met zoveel water dat de lever onderstaat, met wat zout.
Kook de lever ongeveer 4 minuten.
Snijd de ui zeer fijn en vermeng deze met de schoongemaakte en uitgeperste knoflook, de pindakaas, de ketoembar, de laos, de djintan, de trassie, de bruine suiker en wat zout.
Wrijf dit mengsel fijn. Smeer het kruidenpapje over de lever, laat het even intrekken en snijd de lever in plakken van ongeveer 1 cm dikte.
Verhit wat olie en bak hierin de lever aan alle kanten mooi bruin.
Voeg water, ketjap en citroensap toe en laat dit alles op laag vuur ongeveer 15 minuten sudderen.
Dit gerecht smaakt heerlijk met een sajoer waarin kool is verwerkt en met kroepoek.

Smoor ati

500 g runderlever
1 teentje knoflook
½ uitgeperste citroen
2 el ketjap
1 tl nootmuskaat
peper
2 el boter
4 sjalotjes
2 kruidnagelen
1 bouillonblokje
2 dl water
suiker

Bereiding:

Meng de nootmuskaat, peper, ketjap, uitgeperste knoflook met het citroensap.
Snijd de lever in plakjes en wentel die door het mengsel. Bak de plakken lever in de boter op een matig vuur. Voeg de in plakjes gesneden sjalotjes en de kruidnagelen toe.
Blus het geheel met 2 dl water.
Voeg vervolgens het bouillonblokje toe en wat suiker.
Laat het geheel met het deksel op de pan gaar sudderen.
Voeg zonodig wat water toe als het gerecht te droog wordt.

Otak goreng telor

500 g runderhersenen
3 eieren
½ tl nootmuskaat
½ tl peper
zout
olie
½ uitgeperste citroen
paneermeel

Bereiding:

Was de hersenen goed en kook ze in ruim water tot ze gaar zijn. Laat het vlees goed uitlekken in een vergiet en snijd ze dan in stevige plakken van ongeveer 1 cm.
Klop vervolgens de eieren met nootmuskaat, citroensap, peper en zout.
Wentel de plakken vlees door dit beslag en daarna door het paneermeel.
Bak de plakken in olie goudbruin.
Dit gerecht smaakt prima bij sajoer kerrie.

Otal godok

500 g gewassen hersenen
4 dl water
3 el azijn
3 el citroensap
2 el olie
1 ui
3 dl dikke santen
1 rode Spaanse peper
2 teentjes knoflook
3 kemirienoten
1 sch gember
1 tl koenjit
bruine suiker

Bereiding:

Laat de hersenen in het met azijn vermengde water gedurende ongeveer 30 minuten weken. Laat ze uitlekken en snijd ze in dikke plakken. Snijd de ui in ringen.
Wrijf de kruiden fijn en fruit ze samen met de uiringen een paar minuten tot deze goudbruin zijn. Voeg nu de hersenen toe en bak het geheel op hoog vuur gedurende 5 minuten. Roer op matig vuur vervolgens de santen door dit geheel met het citroensap.
Laat alles gedurende 15 minuten op een zacht vuur sudderen.
Wanneer de saus ingedikt is, kan het gerecht opgediend worden.

Lampang loemboek

500 g lever
1 ui
1 Spaanse peper
50 gr geraspte kokos
1/4 bl santen
bouillon (van lever)
olie
1 el ketoembar
1/2 el djintan
peper
zout
1/2 tl kentjoer
2 daon salam
1 djeroek poeroetschil

Bereiding:

Kook de lever halfgaar en snijd ze in schijven. Meng de kruiden met de kokos en kook dit op met de santen.
Voeg de lever met de bouillon toe, evenals de daon salam en de djeroek poeroetschil.
Stoof het gerecht gaar met alle ingrediënten, maar laat het niet te droog worden.

Kip- en eendgerechten

Ajam adas

500 a 750 g kip (in stukken)
1 rode Spaanse peper
2 fijngesnipperde rode uien
1 teentjes knoflook
1 fijngesneden venkelknol
2 el peterselie
2 el citroensap
2 dl water
2 el olie
2 sch gember
½ tl djintan
4 cm sereh
zout

Bereiding:

Wrijf de stukken kip in met citroensap, wrijf de kruiden fijn en fruit ze gedurende 2 minuten in de olie met de gesnipperde uien.
Blus het mengsel af met 2 dl water.
Voeg de kip, venkel en de grofgesneden Spaanse peper toe aan de saus en kook het geheel zachtjes gaar.
Het gerecht mag niet helemaal droogkoken.

Ajam bawang

750 g in stukken gesneden kip
20 sjalotjes (gesnipperd)
4 teentjes knoflook
2 Spaanse pepers
2 dl water
zout
2 el olie
2 cm gember
1 cm laos
2 el ketjap
2 el citroensap
½ tl peper

Bereiding:

Bak de kip met de gesnipperde uien en de uitgeperste knoflook aan. Giet het water over deze massa en voeg dan de kruiden toe.
Op een zacht vuur laten sudderen totdat de kip gaar is.

Ajam panggang boemboe roedjak

500 g kip (in stukken)
2 a 4 Spaanse pepers
2 uien
2 teentjes knoflook
4 cm sereh
$^{1}/_{4}$ bl santen
2 dl water
zout
1 tl trassie
2 sch laos

Bereiding:

Snipper de uien, maak de knoflook schoon en pers hem uit. Wrijf de spaanse pepers fijn. Meng de kruiden erdoor heen.
Kook de kip met de santen, sereh en zout in 2 dl water. Voeg het kruidenmengsel toe en laat de kip koken tot hij bijna gaar is.
Rooster de kip nu boven een houtskoolvuurtje helemaal gaar.
U kunt in plaats van het houtskoolvuur ook een grill of oven gebruiken.

Ajam smoor djawa

500 g kip
2 uien
2 teentjes knoflook
1 ek citroensap
zout
boter of olie
2 sch laos
1 el ketjap
2 dl water

Bereiding:

Snijd de kip in stukjes en snipper de uien. Maak de knoflook schoon en pers hem uit.
Braad de kip bruin in boter of olie. Fruit gedurende 2 minuten de fijngesneden ui, knoflook en laos in $1\frac{1}{2}$ el olie. Voeg hier 2 dl water aan toe met het citroensap en de ketjap en kook de kip hierin op een zacht vuur gaar.
Zonodig af en toe wat water toevoegen want het gerecht mag niet te droog zijn.

Ajam pedis

500 - 750 g kip
2 rode uien
2 witte uien
1 daon djeroek poeroet
1 cm sereh
zout
1/4 bl santen
2 dl water
2 el olie
1 tl ketoembar
1/2 tl djintan
1 tl koenjit
1 tl trassie
1 sch laos

Bereiding:

Snijd de kip in stukken. Snipper de rode en witte uien. Fruit in ongeveer 2 minuten de uien met de fijngemaakte kruiden in olie.
Voeg hieraan toe de stukken kip, daon djeroek poeroet, sereh en santen en kook de kip tot ze helemaal gaar is.
Voeg er zonodig wat water aan toe, want het gerecht mag niet te droog worden.

Ajam goerie

(pittige kip)

1 kip
2 rode uien
2 witte uien
2 rode Spaanse pepers
$^1/_4$ bl santen
2 dl water
zout
100 g gemalen kokos
2 sch laos
$^1/_2$ tl kentjoer
$^1/_2$ tl ketoembar
$^1/_2$ tl djintan
$^1/_2$ tl trassie
4 lombok rawit

Bereiding:

Wrijf de kip in met zout en hak haar in twee stukken. Hak de uien en de Spaanse pepers fijn, maak vervolgens de kruiden fijn en vermeng de santen met het water. Kook de kip met kruiden en de overige ingrediënten in de santen tot ze gaar is.

Dit gerecht moet droog gekookt worden.

Ajam Boemboe besengek pedis

750 g kip
1 daon djeroek poeroet
1 st sereh
1 tl asemwater
2 dl water
1/4 bl santen
zout
3 el olie (eventueel kokosolie)
1 tl ketoembar
1/2 tl djintan
2 rode uien
2 witte uien
1 tl koenjit
1 tl trassie
4 rode Spaanse pepers

Bereiding:

Snijd de kip in niet te kleine stukken. Snipper de uien. Maak de kruiden fijn en fruit ze met de uien in de olie gedurende 3 minuten.
Doe de stukken kip, daon djeroek poeroet, sereh, asemwater, santen en het water hierbij en kook de kip gaar.
Zonodig af en toe wat water toevoegen want dit gerecht mag niet te droog gekookt worden.

Ajam putih

500 g kip
4 uien
1 tl trassie
1 sch laos
1 st sereh
1 daon salam
1 daon djeroek poeroet
$\frac{1}{4}$ bl santen
2 dl water
zout

Bereiding:

Snijd de kip in stukken en snipper de uien. Vermeng de uien, trassie en zout en doe alle ingrediënten met de santen en de kip in een pan met 2 dl water. Kook de kip hierin gaar, maar let erop dat het gerecht niet te droog wordt. Voeg zonodig water toe.

Ajam panggang boemboe ketjap

1 kip
3 teentjes knoflook
4 rode uien
3 lombok rawit
½ el olie
2 el ketjap
citroensap
zout
goela djawa

Bereiding:

Maak de kip schoon en snijd ze doormidden. Fruit de fijngesneden knoflook, uien en lombok in de olie gedurende enkele minuten. Voeg wat water, citroensap, goela djawa en ketjap toe. Laat in dit mengsel de kip langzaam gaar smoren.
Als de saus indroogt, haalt u de kip eruit en roostert u de stukken verder onder de grill of boven een houtskoolvuur.
Vlak voor het opdienen giet u de saus over de stukken kip heen.

Ajam makasar

750 g kip
$^1/_4$ bl santen
4 dl water
2 uien
2 teentjes knoflook
2 sch laos
$^1/_2$ tl peper
zout
4 cm sereh
1 daon salam
2 el citroensap

Bereiding:

Snijd de kip in stukken en snipper de uien. Maak de koflook schoon en pers hem uit.
Vermeng de santen met het water en breng het met alle kruiden aan de kook.
Voeg er dan de kip aan toe en laat het geheel op een laag vuur zachtjes koken tot de kip helemaal gaar is. De saus is ingedikt.

Ajam koening

1 kip
2 uien
2 teentjes knoflook
3 gereaspte kemirienoten
$2\frac{1}{2}$ dl water
olie
zout
snuifje serehpoeder (of stukje citroenschil)
scheutje asemwater of citroensap
2 cm santen
2 tl koenjit
1 tl laos

Bereiding:

Snijd de ui klein, maak de knoflook schoon en pers hem uit. Vermeng de ui, de knoflook, de koenjit, de laos en de kemirienoten met wat zout.
Wrijf alles fijn. Verhit wat olie en fruit hierin het kruidenmengsel gedurende 2 minuten.
Voeg het water en serehpoeder en het asemwater toe en laat alles even flink doorkoken.
Voeg nu de santen toe. Verdeel de kip in vier stukken en laat de stukken kip in de saus in ongeveer 30 minuten gaar koken.
Dit smaakt uitstekend bij een droog groentegerecht of sambal goreng boontjes, atjar taugé, kroepoek en sambal.

Ajam kelia

1 kip
1 ui
2 Spaanse pepers
4 geraspte
kemirienoten
2 l trassiewater
1 dl santen van 1/4 blok
asemwater
olie
1 tl peper
1 el ketoembar
1/2 el djintan
4 sch gember
4 sch laos
2 cm sereh
1 tl kentjoer
1 tl suiker
zout

Bereiding:

Rooster de kip in haar geheel in de grill en smeer haar in met asemwater. Snipper de ui en wrijf de spaanse pepers fijn. Fruit de ui, pepers en de kruiden met de geraspte kemirienoten gedurende 2 minuten in wat olie.
Meng dit mengsel met het trassiewater en een tl zout, voeg dit toe.
Voeg tenslotte de santen en suiker toe.
Snijd de kip in stukken en smoor ze in dit mengsel tot ze gaar is.

Ajam panggang met santen

1 kip
3 uien
olie
santen
½ dl citroensap
2 el ketjap
2 Spaanse pepers
zout

Bereiding:

Maak de kip schoon en snijd ze in grote stukken. Rooster de kip bruin onder de grill of boven een houtskoolvuur.
Maak de uien en de Spaanse pepers fijn en vermeng ze met het zout. Fruit dit gedurende 2 minuten in de olie.
Doe de stukken kip erbij en voeg de santen en de ketjap toe.
Tenslotte nog het citroensap toevoegen.
Laat de kip in de saus zachtjes doorkoken tot de saus mooi ingedikt is.

Ajam sapit

1 kip
4 rode uien
1/2 tl trassie
100 g geraspte kokos
2 Spaanse pepers
santen
1 dl asem van 1/8 blok
1/2 tl ketoembar
1/4 tl djintan
goela djawa
zout

Bereiding:

Kook de schoongemaakte kip gaar en snijd ze in niet te kleine stukken.

Snijd de uien en de pepers fijn en vermeng ze met de kruiden, trassie en de kokos.
Kook de kip op met kruiden, santen en asem tot het geheel droog wordt.
Rooster de kip daarna in de grill of op een houtskoolvuurtje totdat ze helemaal gaar is.

Ajam santen

750 g kip
1 ui
1 st sereh
1 daon salam
boter
4 sch laos
$\frac{1}{2}$ tl trassie
zout
$\frac{1}{2}$ l water
$\frac{1}{2}$ bl santen

Bereiding:

Snipper de ui. Kook de kip met de ui en overige ingrediënten, behalve de santen, in ruim water tot ze bijna gaar is.
Voeg de santen toe en laat het vocht vrijwel helemaal verdampen.
Haal vervolgens de stukken gare kip uit de pan en bak deze bruin in boter.

Lelawar ajam

1 kip
½ kool
1 grote ui
santen
olie
1 sch laos
½ st sereh
1 el ketoembar
¾ el djintan
¾ tl kentjoer
zout
peper

Bereiding:

Snipper de ui en wrijf de kruiden fijn. Fruit de uien met de kruiden gedurende 2 minuten in wat olie. Voeg vervolgens de stukjes kip en de zeer fijngesneden kool toe. Laat dit alles op een zacht vuur gaar sudderen.
Zonodig wat water toevoegen als de kip te droog wordt.

Lampar ajam

1 kip
1 ui
3 Spaanse pepers
3 dl santen
pisangbladeren
4 teentjes knoflook
1 el ketoembar
1/2 st sereh
3/4 el djintan
1 tl kentjoer
1 tl zout
1/2 tl peper
1 daon salam

Bereiding:

Kook de kip in ruim water bijna gaar. De reepjes vlees kunt u er dan af trekken.
De kruiden worden met de santen opgekookt, waarna de gemalen pepers en de reepjes gaar vlees worden toegevoegd.
Kook het geheel gaar tot het bijna ingedroogd is.
Vervolgens vult u de in vierkanten gesneden pisangbladeren met de vulling. Vouw ze dicht en maakt ze vast met cocktailprikkers.
Direct serveren.

Ajam kerrie

1 kip
2 uien
2 tl ketoembar
1 tl djintan
3 tl kerrie djawa
4 geraspte
kemirienoten
1 cm santen
2 dl water
schepje suiker
olie
zout
peper

Bereiding:

Snijd de kip in vier stukken en betsrooi deze met zout en peper. Verhit de olie en braad de stukken kip rondom bruin.
Snijd de uien fijn en vermeng deze met de ketoembar, de djintan, de kerrie en de kemirienoten. Wrijf alles fijn.
Haal de stukken kip uit de pan en fruit het kruidenmengsel gedurende 2 minuten in het braadvocht.
Voeg het water toe en laat alles even doorkoken. Voeg de gebraden stukken kip aan de saus toe en laat het gerecht ongeveer 30 minuten op een laag vuur gaar worden.
Voeg tenslotte de santen en een schepje suiker toe.
Het gerecht nu nog ongeveer 5 minuten op een zacht vuur laten sudderen.

Ajam ati

300 g kippenlever
2 bananen
1 ui
1 scheutje ketjap manis
1 tl laos
2 tl kerrie djawa
olie
zout

Bereiding:

Snijd de ui klein. Verhit wat olie en fruit hierin de ui ongeveer 4 minuten. Voeg de kerrie toe en laat deze even meefruiten.
Snijd de levertjes in kleine stukjes en bak deze in het ui-kerriemengsel op een laag vuur lichtbruin.
Schil de bananen en snijd ze in schijfjes van ongeveer 1 cm dik.
Voeg de banaan aan de levertjes toe en breng het gerecht op smaak met ketjap, laos en wat zout.

Serveer dit gerecht als bijgerecht bij elk ander vleesgerecht.

Ajam ati boontjes

300 g kippenlever
2 teentjes knoflook
250 g sperzieboontjes
2 uien
1 tl sambal oelek
½ tl laos
2 dl kippebouillon
(eventueel van een
blokje)
olie
zout

Bereiding:

Snijd de levertjes fijn. Verhit wat olie en bak hierin de levertjes lichtbruin. Haal de lever ui de pan.
Snijd de ui klein, maak de knoflook schoon en pers hem uit.
Vermeng de ui, de knoflook, de sambal en de laos. Wrijf dit alles zeer fijn en fruit dit kruidenmengsel gedurende 2 minuten in het braadvocht.
Voeg de schoongemaakte sperzieboontjes toe en laat deze ongeveer 4 minuten op een zacht vuur meefruiten.
Voeg de bouillon toe en laat alles aan de kook komen.
Voeg nu de gevakken levertjes toe en laat het gerecht nog ongeveer 15 minuten op een laag vuur helemaal gaar worden.
Eventueel zout naar smaak toevoegen.

Ajam setan

(duivelse kip)

750 g kip
10 ontpitte rode
Spaanse pepers
1 fijngesneden ui
4 teentjes knoflook
zout
1 el ketjap
2 el water
2 el olie

Bereiding:

Stamp de pepers, de gesnipperde ui en knoflook fijn en vermeng deze moes met ketjap, een scheutje water en wat olie.
Wrijf de kip in met zout en rooster haar onder de grill, terwijl u tijdens het roosteren de kip met de saus bestrijkt.
Indien nodig kunt u dit enkele keren herhalen.
Wanneer u de kip 1 à 2 uur in de saus marineert, wordt dit gerecht echt 'duivels'.

Opor ajam

- 1 kip
- 4 rode uien
- 2 teentjes knoflook
- 1 tl suiker
- 4 cm sereh
- 1/2 bl santen
- zout
- asem
- 1 daon djeroek
- poeroet
- 1 tl ketoembar
- 1/2 tl trassie
- 4 kemirienoten
- 2 sch laos

Bereiding:

Maak de kip schoon. Snijd de uien en knoflook fijn en wrijf alle kruiden fijn.
Kook de kip met de kruiden in ruim water tot ze gaar is.
Zonodig af en toe water toevoegen want het gerecht mag niet droog koken.

Met dezelfde kruiden kunt u opor van eend maken. De kooktijd is dan echter wat langer, waardoor het nodig is telkens wat water toe te voegen tot de eend zacht en gaar is.

Soto ajam

1 kip
6 dl water
2 uien
4 teentjes knoflook
100 g taugé
2 preien
½ bosje selderie
1 tl trassie
2 tl koenjit
1 tl ketoembar
olie
zout

Bereiding:

Zet de kip op met het water en trek hiervan in ongeveer 40 minuten een bouillon. Snijd ondertussen de uien fijn, maak de knoflook schoon en pers hem uit. Meng de uien met de knoflook, de trassie, de koenjit, de ketoembar en wat zout. Wrijf alles fijn. Verhit wat olie en fruit het kruidenmengsel gedurende 2 minuten. Voeg het kruidenmengsel aan de bouillon toe en laat alles nog ongeveer 10 minuten zachtjes doorkoken. Fileer de kip. Maak de prei schoon en snijd hem in dunne ringen, was de taugé en snijd de selderie klein. Kook de prei en de taugé apart gaar. De prei ongeveer 10 minuten, de taugé slechts 3 minuten dan blijft ze lekker knapperig. Snijd de uien fijn en fruit ze in wat olie tot ze goudbruin zijn.
Soto ajam is een complete maaltijd. Op de gekookte rijst legt u een stuk kip en daaromheen wat van de gekookte groente. Hieroverheen weer wat bouillon. Het geheel wordt bestrooid met selderie en de gebakken ui. Op smaak brengen met een scheutje ketjap.

Pastel toetoep

(Indonesche jachtschotel)

1 kip
25 g djamoer koeping
25 g sedep malam
200 g wortelen
100 g diepvries doperwten
100 g peultjes
200 g spitskool
2 eieren
1 ui
1 prei
peper
suiker
2 el ketjap
boter
aardappelpuree
paneermeel

Bereiding:

Kook de kip gaar, haal haar uit de pan en bewaar de bouillon. Ontdoe de kip van het vel en de beentjes en snijd het vlees in stukjes.
De djamoer koeping en sedap malam kookt u een half uur in ruim water. Vervolgens laat u dit goed uitlekken, waarna u ze bij de kip voegt.
Kook de wortels gaar.
Kook de eieren hard en halveer ze.
Snijd de spitskool fijn.
Breng de bouillon weer aan de kook en doe er de kip, djamoer koeping, sedep malam en de groenten in.
Fruit gedurende 2 minuten de gesnipperde ui en de fijngesneden prei in boter en roer ook dit mengsel door de bouillon.
Vervolgens doet u ook peper, zout, ketjap en suiker erbij en laat het geheel nog drie minuten zachtjes sudderen.
Zonodig wel wat water toevoegen want de massa mag niet te droog worden.
Beboter een vuurvaste schaal en doe het kip-groentenmengsel hierin.

Pastel toetoep (vervolg)

Leg de vier halve eieren erop en bedek de massa met een laag aardappelpuree.
Strooi hierover paneermeel en leg hier en daar wat klontjes boter.
Zet de schotel in een voorverwarmde oven (200°) en bak het geheel in 20 minuten gaar en bruin.
Serveer deze pastei warm.

Dembaran

750 g kip
2 rode uien
2 witte uien
4 cm sereh
1/4 bl santen
asem
zout
4 dl water
olie
1 tl koenjit
2 sch laos
3 kemirienoten
1/2 tl trassie

Bereiding:

Stamp de kruiden fijn en fruit ze met de fijngesneden uien in olie goudbruin gedurende drie minuten. Voeg nu 4 dl water, sereh, santen, asem en zout naar smaak toe. Doe de kip erbij en laat deze op een zacht vuur koken tot de kip helemaal gaar is.
Voeg zonodig water toe want het gerecht mag niet te droog worden.

Ajam di boeloe

1 kip
2 Spaanse pepers
2 rode uien
4 cm sereh
1 el citroensap
3 sch gember
10 daon kemangi
2 el gehakt uiegroen
2 el gehakte bieslook
2 el gehakt kruizemuntblad
2 el venkelgroen
2 el gehakte peterselie
2 el daon pandan
1 ei

Bereiding:

Snijd de pepers, uien en gember heel fijn. Klop het ei en doe vervolgens alle ingrediënten in een pan met water.
Laat zo de kip zachtjes gaar koken. Indien nodig voegt u water toe want het mag niet te droog koken.

Dit gerecht uit Menado wordt ter plaatste gekookt in een daarvoor bestemde bamboesoort. Deze kookwijze is in Nederland helaas onmogelijk.
Daarom gebruiken we voor dit recept een 'gewone pan'.

Ajam katjang

1 kip
100 g gepelde pinda's
3 eiwitten
2 el ketjap manis
2 el water
olie
zout
peper

Bereiding:

Snijd de kip in vier stukken en bestrooi ze met zout en peper. Verhit de olie en bak de kip op een laag vuur aan alle kanten bruin en gaar in ongeveer 30 minuten. Neem de kip uit de pan en houd deze warm. Vermeng voorzichtig de eiwitten met de ketjap en het water. Doe dit mengsel bij het braadvocht en laat het onder voortdurend omscheppen langzaam warm worden. Voeg de pinda's toe en laat deze even meestoven tot ze ook warm zijn. Verdeel het ei/pindamengsel over de stukken gebraden kip.

Zoetzure kippenpootjes

6 kippenpootjes
1 ei
4 el maizena
peper, zout
1 ui
1 rode paprika
1 blikje mais
1 olie
4 dl kippebouillon
3 el azijn of citroensap
4 el goela djawa
1 el maizena
1 el ketjap

Bereiding:

Klop het ei met een theelepel water en vermeng de maizena met zout en peper.
Wentel de kip door het ei en vervolgens door maizena en zet de pootjes dan koel weg.
Snijd de ui en de paprika in grove stukken en fruit ze ongeveer 5 minuten. Laat ze goed uitlekken.
Meng de azijn, goela djawa, maizena en ketjap door de bouillon en laat deze saus al roerend aan de kook komen en 5 minuten zachtjes doorkoken.
Bak de kippenpootjes in olie gaar en goudbruin en laat ze goed uitlekken op keukenpapier.
Doe vervolgens de groenten bij de saus en tenslotte de kip.
Laat alles nog enkele minuten staan tot het goed heet is.

Kerrie reboeng met kip

500 g kip
1 blikje bamboespruiten
1 ui
2 teentjes knoflook
2 rode Spaanse pepers
½ bl santen
2 el boter
zout
suiker
2 daon salam
2 tl trassie
1 tl asem
2 tl koenjit
1 tl ketoembar

Bereiding:

Trek een bouillon van de kip en laat dit inkoken tot er ongeveer 2 dl vocht overblijft.
Kook de bamboe tien minuten en snijd de spruiten dan in grove stukken.
Maak ui, knoflook en Spaanse pepers fijn met de overige kruiden.
Fruit dit mengsel gedurende 3 minuten in boter en voeg het dan toe aan de kip.
Voeg de salambladeren, suiker en zout eraan toe en laat alles nog tien minuten sudderen.
Tenslotte voegt u ook de santen en de bamboe toe en indien nodig wat heet water.

Kerrie kenarie

1 kip
¼ gesneden witte kool
3 spaanse pepers
200 g peultjes
200 g bamboespruiten
200 g maïskorrels
(eventueel uit blik)
100 g amandelen (in
plaats van kenaries)
2 dl bier
1 dl ketjap manis
zout
peper

Bereiding:

Kook de kip tot ze net niet helemaal gaar is. Haal de kip eruit en bewaar de bouillon. Snijd de kip in vier stukken. Kook de stukken samen met de groenten, de fijngestampte amandelen met het bier en de ketjap.
Bewaar voor de garnering enkele hele amandelen.
Voeg als laatste de bouillon toe en laat alles nog enkele minuten zachtjes koken.
Garneren met de hele amandelen.

Kerrie djawa

750 g kip
1 stukje asem
1/4 blok santen
2 uien
4 teentjes knoflook
4 kemirienoten
3 tl koenjit
1 cm laos
3 tl djintan
2 el olie
2 dl water

Bereiding:

Snipper de uien, maak de knoflook schoon en pers hem uit. Snijd de kip in stukken.
Fruit de ui met de knoflook en de fijngewreven kruiden gedurende 2 minuten in wat olie.
Voeg de kip aan dit mengsel toe en bak het geheel terwijl u goed blijft roeren.
Voeg het water, de santen en asem hierbij en laat het geheel zachtjes gaar sudderen.

Kerrie kip

750 g kip
5 cm sereh
4 rode uien
3 witte uien
1/4 blok santen
3 dl water
3 dunne schijfjes laos
4 dunne schijfjes gember
1/2 tl ketoembar
1/2 tl djintan
1/2 tl trassie
2 geraspte kemirienoten
1 tl koenjit
1/2 lombok
2 el citroensap

Bereiding:

Snijd de kip in niet te kleine stukken. Snipper de uien. Vermeng de santen met het water. Maak een mengsel van de gesnipperde uien met de laos, ketoembar, djintan, trassie, kemirienoten, gember, koenjit, lombok en citroensap en fruit dit gedurende 3 minuten in wat olie.
Kook de kip en voeg het kruidenmengsel eraan toe. Laat dit geheel enkele minuten staan.
Voeg tenslotte de sereh en de santen toe en laat alles zachtjes sudderen tot de kip gaar is.
Af en toe wat water toevoegen zodat het gerecht niet te droog wordt.

Eend bali

1 eend
3 uien
3 teentjes knoflook
8 geraspte kemirienoten
2 tl sambal oelek
1 tl trassie
1 sch laos
1 tl koenjit
4 el ketjap manis
1 st sereh
1 daon salam
2 daon djeroek poeroet
4 el olie of boter
3 dl water
zout

Bereiding:

Snijd de eend in stukken. Snipper de uien, maak de knoflook schoon en pers hem.
Wrijf de eend in met zout en bak hem in olie of boter halfgaar.
Wrijf de uien, knoflook, sambal, trassie,. koenjit, laos en kemirienoten fijn en voeg dit kruidenmengsel toe aan de eend.
Voeg nu het water toe met de daon salam en djeroek poeroet en als laatste de ketjap.
Stoof de eend op een niet te hoog vuur verder gaar.

Zwartzuur van eend

1 eend
2 uien
250 g blauwe druiven
1 pijpje kaneel
2 kruidnagelen
1 snuifje nootmuskaat
3 dl kokend water
8 el azijn
1 tl bloem
2 el water
schepje suiker
4 plakken ananas of
halve perziken voor de
garnering
zout
peper

Bereiding:

Snijd de eens in kleine stukken en wrijf hem in met zout en peper.
Laat hem zo een kwartier staan.
Fruit intussen de in ringen gesneden uien in de boter en doe er zout, peper, nootmuskaat, suiker, kaneel en kruidnagelen bij.
Roer dit mengsel goed door elkaar.
Doe de eend in de pan en wentel de stukken goed door het kruidenmengsel. Bak de stukken op hoog vuur gedurende 3 minuten.
Zet het vuur lager en smoor de eend zachtjes met het deksel op de pan. Af en toe door roeren en wanneer de eend gaar is, voegt u azijn en druiven toe. Laat dit vervolgens heel even meekoken.
Leg de stukken eend op een schaal, bind de bouillon met de bloem en het water en giet de saus over de eend.
Het gerecht vervolgens garneren met perzik of ananas.

Gestoofde eend

1 eend
50 g boter
3 uien
2 teentjes knoflook
2 groene Spaanse pepers
1 st sereh
3 daon djeroek poeroet
2 dl kokend water
2 el citroensap
2 el olie
20 kemirienoten
4 schijfjes gemberwortel
2 cm laos
1 tl koenjit
1 tl witte peperkorrels
zout

Bereiding:

Grill of bak de eend goudbruin.
Verdeel hem in kleine stukken.
Snijd de uien in ringen. Maak de knoflook schoon en pers hem uit.
Wrijf de spaanse pepers fijn.
Fruit de uien en knoflook in de olie gedurende 2 minuten en doe de gemalen pepers erbij terwijl u goed roert.
Voeg de fijngestampte kruiden hieraan toe en bak het geheel nog ongeveer vijf minuten.
Voeg de stukken eend aan dit mengsel toe, evenals de sereh, zout en djeroek poeroet.
Giet het hete water en het citroensap er langzaam bij. Roer het door en laat de eend zo langzaam gaar stomen.
Het gerecht mag niet teveel saus bevatten.

Opor van eend

1 eend (met nieren en hart)
2 uien
5 kemirienoten
½ blok santen
1 k kruisbessen
1 daon djeroek poeroet
3 teentjes knoflook
1 el sambal oelek
1 el djintan
½ tl laos
1 el ketoembar
1 tl trassie
5 dl water
zout

Bereiding:

Maak voor de vulling de volgende ingrediënten fijn: de kruisbessen, de gesnipperde uien, kemirienoten, knoflook, sambal, ketoembar, djintan laos, trassie en wat zout.
Vermeng dit goed met de fijngehakte niertjes en het fijngehakte hart.
Vul de eend hiermee en naai hem dicht.
Kook de eend in water met zout en een klein deeltje van de santen.
Voeg daarna de rest van de santen, daon djeroek poeroet en salam toe en kook het geheel gaar.
Haal de eend uit het vocht en braad hem vervolgens bruin in boter.
Blus de eend af met het kookvocht.

Visgerechten

Gestoofde makreel

500 g makreel (in moten)
1 ui
3 teentjes knoflook
½ dl ketjap
1 dl bouillon
olie
paneermeel
zout
peper
nootmuskaat
citroensap

Bereiding:

Wrijf de schoongemaakte vis in met zout en peper. Braad de stukken in de boter even aan, laat ze dan in een zeef uitlekken.
Fruit in de olie gedurende 3 minuten de gesnipperde ui en knoflook en voeg de ketjap, nootmuskaat, citroensap en bouillon toe. Vet een ovenschotel in en strooi er een dun laagje paneermeel in.
Leg de vis in moten in de schaal en bedek ze met het uienmengsel.
Laat het geheel in een matig voorverwarmde oven gedurende 25 minuten gaar stoven.

Ikan pangang

2 makrelen van elk
ongeveer 250 g
2 teentjes knoflook
2 el ketjap manis
3 el water
zout
citroensap

Bereiding:

Maak de vis schoon en geef hier en daar een inkeping. Bestrooi de vis met wat zout en druppel er wat citroensap over. Meng de ketjap met het water, maak de knoflook schoon en pers hem uit.
Voeg de knoflook aan het ketjap-mengsel toe en roer het goed door.
Leg de vis ongeveer 30 minuten in deze marinade.
Rooster de vis onder de grill aan beide kanten gedurende omgeveer 10 minuten. Tijdens het roosteren de vis af en toe insmeren met de marinade.

Serveer bij de vis een sausje van 1 eetlepel ketjap, 2 eetlepels water, 1 eetlepel citroensap en ½ theelepel sambal oelek, goed door elkaar geroerd.

Germarineerde ikan tengirie

4 moten makreel
2 el sambal
3 teentjes knoflook
azijn
boter
olie
2 el fijngesneden gember
1 tl koenjit
zout

Bereiding:

Kook de vis bijna gaar, haal hem uit het vocht, laat hem goed uitlekken en bak hem in boter bruin.
Snijd de knoflook fijn en vermeng dit met de sambal, de gember, de koenjit en het zout. Fruit dit mengsel in wat olie gedurende 2 minuten en voeg de vis met azijn toe.
De vis moet geheel bedekt worden.
Na twee dagen in deze marinade is de vis op smaak.

Ikan doedooh

500 g vis (makreel of schelvis)
3 teentjes knoflook
1 dl santen van $^1/_8$ blok
olie
$^1/_2$ tl koenjit
1 el djintan
1 el ketoembar
1 tl trassie
1 tl asem
1 tl zout

Bereiding:

Snijd de knoflook fijn en fruit dit met de koenjit, djintan, trassie, ketoembar en wat zout gedurende 2 minuten in olie.
Doe de vis er in z'n geheel bij, bak ze aan weerszijden bruin. Voeg vervolgens de santen toe en laat de vis koken op een zacht vuur tot er olie uitkomt.

Ikan kemirie

500 g makreel
4 kemirienoten
4 Spaanse pepers
olie
25 g santen
2 dl water
citroensap
½ el djintan
1 el ketoembar
1 tl laospoeder
½ tl trassie
aluminiumfolie

Bereiding:

Rooster de vis op alumumiumfolie onder een grill, ongeveer 7 minuten aan elke kant.
Pof de kemirienoten en wrijf ze fijn, vermeng ze met de fijngesneden pepers. Voeg hieraan de rest van de kruiden toe, evenals de trassie. Fruit dit kruidenmengsel gedurende 2 minuten in de olie lichtbruin.
Voeg tenslotte santen met het water toe en laat het geheel zachtjes koken totdat de saus rood wordt.
Snijd de vis in moten en schenk de saus erover.
Sprenkel er tenslotte wat citroensap overheen.

Ikan piedang toemis

500 g visfilet (makreel of schelvis)
2 uien
olie
1 dl asemwater
2 el trassiewater
4 teentjes knoflook
2 el sambal oelek
1 st sereh
1/2 tl koenjit
1 sch laos
zout

Bereiding:

De uien en de knoflook worden fijngesneden en met de koenjit, laos en wat zout, gedurende 3 minuten in de olie bruin gebakken.
Voeg het trassiewater en de in moten gesneden vis toe. Laat alles even op een hoog vuur bakken, blus het vervolgens af met enkele kopjes water, en laat het zachtjes sudderen.
Zodra de vis gaar is, voegt u wat asemwater toe.
De saus is klaar als ze goed is ingedikt.

Boemboe ketjap ikan

500 g kabeljauwfilet
1 ei
3 uien
3 teentjes knoflook
sap van 1 citroen
3 dl water
4 el ketjap manis
bloem
melk
olie
zout

Bereiding:

Snijd de vis in plakken van ongeveer 2 cm en strooi er wat zout over. Maak van wat bloem, het ei en de melk een dik papje. Haal de stukjes vis door het bloempapje. Verhit wat olie en bak hierin de vis aan alle kanten bruin.
Snijd de uien fijn, maak de knoflook schoon en pers hem uit. Verhit wat olie en fruit hierin de ui en de knoflook gedurende 3 minuten. Voeg de ketjap, het citroensap en het water toe en meng alles zorgvuldig door elkaar.
Leg de gebakken vis in de saus en laat het geheel ongeveer 15 minuten op een zacht vuur sudderen.

Boemboe bali kan

500 g kabeljauwfilet
2 uien
2 tl sambal oelek
1 ei
½ tl laos
½ tl djahé
3 tl suiker
2 el ketjap manis
1 dl water
2 el tomatenpuree
sap van ½ citroen
olie
bloem
melk
zout

Bereiding:

Snijd de vis in plakken van ongeveer 2 cm en strooi er wat zout over. Maak van wat bloem, het ei en de melk een dik papje en wentel de vis erdoor.
Bak de vis in de olie mooi bruin.
Snijd de uien klein. Vermeng de ui met de sambal, de laos, de dhahé en de suiker. Wrijf alles zeer fijn. Verhit wat olie en fruit hierin gedurende 3 minuten het kruidenmengsel.
Voeg ketjap, water, tomatenpuree en het citroensap toe. Laat het sausje aan de kook komen, draai het vur laag en leg de gebakken vis in de saus.
Laat het geheel nog ongeveer 10 minuten sudderen, tot de saus wat verder ingedikt is.

Kerrie ikan

500 g kabeljauwfilet
1 ui
2 teentjes knoflook
1 tl sambal oelek
1 tl djahé
1 tl koenjit
½ tl djintan
½ tl ketoembar
3 dl water
1 tl suiker
olie
citroensap
zout

Bereiding:

Wrijf de vis in met wat zout en citroensap. Snijd de ui fijn, maak de knoflook schoon en pers hem uit. Meng de ui, de knoflook, sambal, de djahé, de koenjit, de djintan en de ketoembar door elkaar en fruit dit gedurende 3 minuten in wat olie.
Voeg het water en de suiker toe. Leg de vis in de saus en laat het geheel op een zacht vuur ongeveer 15 minuten sudderen.

Serveren met bijvoorbeeld komkommer en atjar taugé.

Ikan santen

500 g makreel
2 uien
1 el sambal
santen
olie
1 st sereh
1 tl trassie
1 sch laos
2 laurierblaadjes
1 daon djeroek
poeroet
zout

Bereiding:

De in moten gesneden vis licht zouten en in olie bruin bakken.
Snijd de uien fijn en maak ze op de laurier en djeroek poeroet na, heel fijn en kook dit, terwijl u blijft roeren, met de santen.
Zodra de saus begint in te dikken, voegt u de laurier, de djeroek poeroet en de vis toe.
Laat het gerecht nog even doorkoken.

Ikan mangot makreel

2 grote, gebakken makrelen
2 uien
2 teentjes knoflook
2 ontpitte rode Spaanse pepers
1 tl asem
4 daon djeroek poeroet
¼ bl santen
4 dl warm water
2 el boter
suiker
zout
4 kemirienoten
1 tl koenjit
1 tl kentjoer
1 tl trassie

Bereiding:

Snijd de uien fijn, maak de knoflook schoon en pers hem uit.
Meng de uien met de knoflook de fijngehakte kemirienoten, de koenjiet, kentjoer en de trassie en stamp alles fijn.
Fruit dit mengsel gedurende 3 minuten in een beetje boter en voeg de asem, suiker en zout toe.
Blijf dit goed roeren om aanbranden te voorkomen.
Los de santen op in het warme water en schenk dit bij het gefruite kruidenmengsel. Doe er nu ook de djeroek poeroetbladeren bij en breng het geheel aan de kook.
Blancheer de gebakken vis 10 minuten in deze saus.
Leg leg de vissen in een diepe schaal. Laat de saus nog iets meer indikken en giet hem dan over de vis.

Ikan goreng

500 g makreel of poon
2 teentjes knoflook
2 Spaanse pepers
1 dl azijn
olie
2 tl sambal oelek

Kruiden:
2 cm gember
1 tl koenjit
zout

Bereiding:

Snijd de vis in moten en zout de stukken. Bak ze in olie bruin. Maak knoflook en Spaanse pepers fijn met de kruiden en voeg de sambal hieraan toe.
Bak dit kruidenmengsel in een aparte pan en leng het aan met de azijn. Laat dit even indikken.
De saus wordt apart bij de vis geserveerd.

Ikan mangot

500 g vis (bijvoorbeeld makreel en schelvis)
8 gekookte Spaanse pepers
10 kemirienoten
2 uien
santen
olie
1 tl kentjoer
½ tl laos
1 tl trassie

Bereiding:

De vis wordt in de olie gaar gebakken. Snipper de uien en vermeng deze met de fijngewreven kruiden en fruit dit gedurende 2 minuten in wat olie.
Hak de noten fijn en kook deze met de santen en het kruidenmengsel totdat de saus rood wordt en de olie er uit komt.
U kunt de vis nog even in de saus mee laten koken, maar u kunt ook de saus over de gebakken vis gieten.

Ikan kodok

1000 g makreel
(2 vissen)
2 eieren
1 ui
1 prei
olie of boter
45 g bloem
150 g geraspte kokos
1/2 tl nootmuskaat
1 tl peper
3 tl bieslook
zout

Bereiding:

Snijd de vissen voorzichtig open aan de buikzijde. Haal het vlees en de graten eruit. Bak het vlees zonder vet en prak het fijn.
Vermeng dit met de kruiden, de fijngehakte ui en in dunne ringen gesneden prei.
Fruit dit kruidenmengsel 2 minuten in wat boter en voeg dan voorzichtig de bloem en kokos toe en bak het gaar.
Laat het mengsel goed afkoelen, vul de lege vissen met het mengsel en stoom de vissen vervolgens warm.

Ikan koening

500 g kabeljauwfilet
2 teentjes knoflook
1 tl asem
1/4 bl santen
2 el boter
1 1/2 dl water
1 tl koenjit
1/2 tl djintan
1/2 tl trassie
1 tl ketoembarzout

Bereiding:

Snijd de knoflook heel fijn en fruit dit met de koenjit, de djintan, trassie en ketoembarzout in boter goudgeel.
Bak de kabeljauwfilets in dit mengsel aan beide kanten bruin.
Los de asem en de santen in 1 1/2 dl water op en schenk dit langzaam bij de vis.
Laat het geheel op een niet te hoog vuur koken tot de vis gaar is.
De kabeljauw mag niet uit elkaar vallen.

Ikan brengkes

500 g kabeljauw- of schelvisfilet
$1\frac{1}{2}$ dl santen van $\frac{1}{4}$ blok
Pisangbladeren of aluminiumfolie
boter
10 rode uien
3 teentjes knoflook
2 Spaanse pepers
1 tl trassie
1 el goela djawa
zout

Bereiding:

Kook de vis in water. Snijd de uien, knoflook en de pepers fijn en stamp ze met de trassie, goela djawa en wat zout. Maak van de pisangbladeren of van het vooraf ingevette aluminiumfolie pakjes, die gevuld zijn met: 1 laagje vis, 1 laagje kruidenmengsel, 1 schepje santen.

Oorspronkelijk werd dit gerecht op houtskoolvuur geroosterd, het kan ook op de grill geroosterd worden (ongeveer 15 minuten).

In plaats van aluminiumfolie of pisangbladeren kunt u ook koolbladeren gebruiken. Deze moeten dan vooraf even in kokend water gelegd worden.

Ikan petjel

500 g gekookte vis
zonder graten
(makreel, kabeljauw)
8 kemirienoten
1 tl trassie
4 rode Spaanse
pepers
3 dl melk
2 el gehakte selderie
zout

Bereiding:

Leg de gekookte vis in een grote schaal.
Pof de kemirienoten (dat kan in de oven). Stamp ze fijn met de Spaanse pepers, trassie en wat zout.
Roer dit kruidenmengsel door de melk en laat het zachtjes koken.
Giet de melk met de kruiden vervolgens over de vis en strooi er fijngehakte selderie over.

Ikan asem garem

500 g vis (kabeljauw of schelvis)
$^1/_4$ st asem
1 dl water
olie
zout

Bereiding:

Maak van de asem, het water en het zout een papje.
Wrijf de vis hiermee in en braad de vis vervolgens in de hete olie mooi bruin.

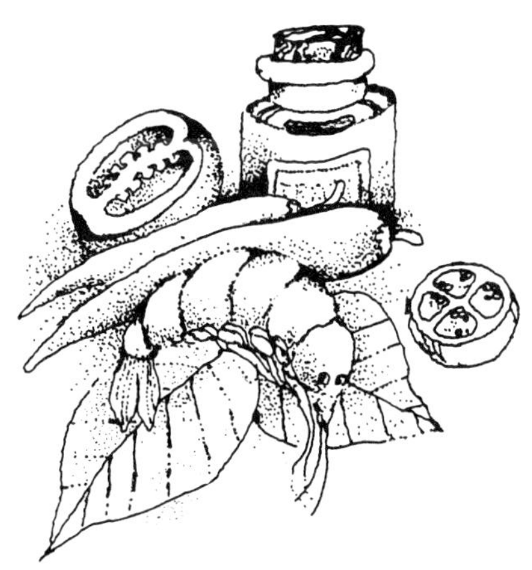

Ikan kakap

1 schelvis
4 hardgekookte eierdooiers
2 hardgekookte eieren
5 el slaolie
4 el azijn
2 tl kappertjes
augurkjes
salade
zout
peper

Bereiding:

Kook de in moten gehakte schelvis in zout water gaar. Maak intussen een mayonaise van slaolie, azijn, de eierdooiers, peper en zout.
Wentel de moten vis door de mayonaise en leg ze vervolgens in het midden van een grote schaal.
De rest van de mayonaise giet u over de vis heen.

Garneer de vis met de salade, kappertjes, augurkjes en de gehalveerde eieren.

Ikan ketjap

500 g kabeljauwfilet
1 ui
2 teentjes knoflook
1 ontpitte rode Spaanse peper
1 tl asem
2 el ketjap
1 sch laos
1 daon salam
½ st sereh
zout

Bereiding:

Verwarm 5 dl water tot het lauw is. Doe de fijngesneden ui, knoflook, peper en kruiden hierin en kook het geheel ongeveer 5 minuten. Voeg vervolgens de vis, asem en ketjap aan het vocht toe en laat het op een zacht vuur ongeveer 30 minuten sudderen tot de vis gaar is.

Als er te veel vocht verdampt is, voegt u nog een scheutje water toe.

Goeleh Ikan

600 g schelvis- of kabeljauwfilet
3 el citroensap
1 ui, fijngesneden
2 teentjes knoflook, uit de pers
2 rode pepers, fijngehakt
1 tl laos
$\frac{1}{2}$ tl koenjit
2 el arachide-olie
3 tomaten, ontveld en in stukjes
$\frac{1}{8}$ blok santen
zout

Bereiding:

Bestrooi de vis met wat zout en sprenkel er citroensap over. Wrijf de ui, pepers, knoflook, laos, koenjit en wat zout fijn in een vijzel.
Verhit de olie en fruit het kruidenmengsel ongeveer 2 minuten.
Schenk $\frac{1}{4}$ liter water in de pan en voeg de tomaten en santen toe.
Breng het geheel al roerend aan de kook.
Voeg de visfilets toe, laat even koken en zet het vuur dan zachter.
Laat de vis, met de deksel op de pan ongeveer 15 minuten zachtjes stoven tot het gaar is.

Mangot van rode poon

2 gebakken of gepofte ponen (grote)
2 rode uien
2 witte uien
1 rode Spaanse peper
1 witte Spaanse peper
$^1/_4$ bl santen
asem
2 el olie
1 sch laos
$^1/_4$ tl trassie
zout

Bereiding:

Snijd de uien en pepers fijn en vermeng ze met de kruiden. Fruit dit kruidenmengsel gedurende 3 minuten in olie.
Blus het geheel af met 2 dl water en voeg al roerend de santen toe.
Kook de vis in deze saus met het djeroek poeroetblad gedurende ongeveer 10 minuten.
Niet te hard laten koken en voorzichtig omscheppen want de vis moet heel blijven.

Brengkessan oedang met tempé

150 g garnalen
½ bl tempé
2 ontpitte rode
Spaanse pepers
4 rode uien
2 witte uien
4 el heet water
¼ bl santen
4 daon kemangi
zout
4 el citroensap
6 a 8 pisangbladeren
(of aluminiumfolie)
1 tl koenjit
2 sch laos
2 kemirienoten
1 tl trassie

Bereiding:

Stamp de kruiden, tempé, pepers, gesnipperde uien en uitgeperste knoflook fijn.
Meng de garnalen, kemangi en santen hier doorheen.
Maak van dit mengsel met het pisangblad of folie een pakje.
Stoom de pakjes in een rijststomer gedurende 30 minuten gaar.
Pof daarna de brengkessan op een houtskoolvuurtje of in de oven.

Djagoeng oedang

200 g garnalen
1 blikje maïs
1 à 2 groene Spaanse pepers
2 sjalotten
3 teentjes knoflook
sap van 1 uitgeperste citroen
zout
1 el olie
eventueel: ketjap

Bereiding:

Hak de pepers, sjalotten en knoflook fijn en fruit ze gedurende 3 minuten in olie. Doe er dan maïs en garnalen bij en genoeg water om het gerecht zachtjes gaar te stoven. Maak het geheel op smaak af met citroensap en eventueel een scheutje ketjap.

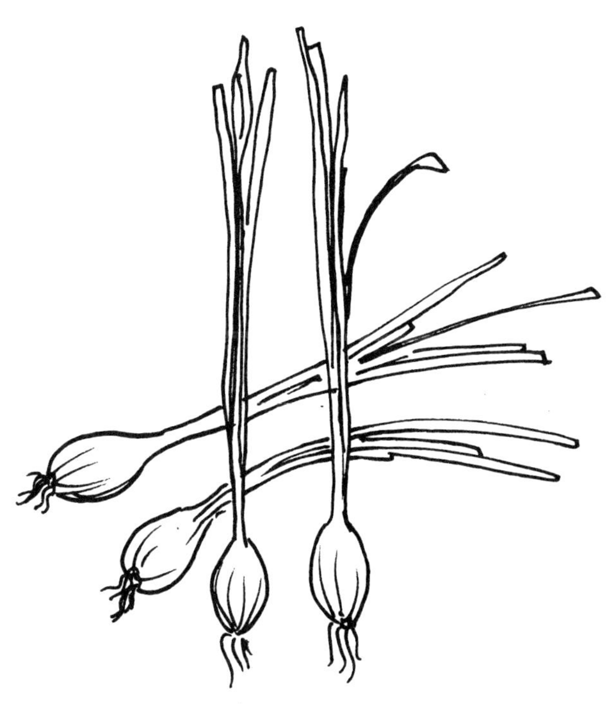

Oedang tjoeka

250 g gepelde garnalen
4 teentjes knoflook
2 rode Spaanse pepers
1 el olie
4 sch gember
2 tl kurkuma
$\frac{1}{4}$ l azijn
suiker

Bereiding:

Doe de garnalen in een kom of schaal.
Fruit de uitgeperste knoflook en de Spaanse pepers gedurende 2 minuten in de olie lichtbruin en giet de azijn erover.
Voeg hieraan de schijfjes gember, kurkuma en suiker naar smaak toe.
Kook dit gedurende 10 minuten en giet de saus over de garnalen.

Oedeng goreng tepoeng

250 g gepelde garnalen
1 el fijngesneden peterselie
3 el bloem
1 ei
3 el water
olie
zout
peper

Bereiding:

Vermeng de bloem met het ei.
Schep hier de peterselie door, wat water, zout en peper.
Klop het geheel tot een niet te dun beslag. Voeg de garnalen toe en roer ze voorzichtig door het beslag.
Verhit wat olie en bak van het beslag kleine pannekoekjes.

De pannekoekjes serveren als bijgerecht bij bijvoorbeeld smoor rundvlees, een sajoer en een sambal.

Frikadel oedang

250 g gepelde garnalen
1 ui
2 teentjes knoflook
1 el fijngesneden peterselie
2 sneetjes oud brood
melk
1 ei
½ tl sambal oelek
1 tl laos
1 tl ketoembar
paneermeel
olie
zout

Bereiding:

Snijd de garnalen vrij klein. Snipper de ui, maak de knoflook schoon en pers hem uit.
Vermeng de garnalen met de ui, knoflook, de peterselie, de in wat melk geweekte sneetjes brood, het losgeklopte ei, de sambal, laos, ketoembar en wat zout.
Kneed alles goed door elkaar en maak van dit gehakt kleine platte rondjes.
Haal de rondjes door paneermeel.
Verhit wat olie en bak hierin op een niet te hoog vuur de frikadellen mooi bruin en gaar.

Oedang pangang

8 grote garnalen
(zogenaamde chinese
garnalen)
olie
zout
peper

Bereiding:

Pel de garnalen maar laat de staartjes zitten.
Wrijf de garnalen in met wat zout en peper en bestrijk ze met wat olie.
Rooster de garnalen onder de grill of op een houtskoolvuur.
Keer ze tijdens het grilleren af en toe en bestrijk ze regelmatig met wat olie.

De garnalen kunnen ook in olie gebakken worden.

Daube van zalm

1 blikje zalm
24 gelantinebladeren
1 fijngesneden ui
1 kopje azijn
1 dl water
enkele schijfjes citroen
peterselie
1 tl zout
1 tl witte peper
1 st foelie
3 laurierbladeren

Bereiding:

De kruiden en de gesnipperde ui worden ongeveer 30 minuten gekookt in water. Zeef dit en voeg azijn en fijngemaakte zalm aan de bouillon toe. Laat dit een paar minuten op een zacht vuur staan. Voeg tenslotte de blaadjes gelatine toe en roer net zo lang tot de blaadjes helemaal zijn opgelost. Giet het geheel in een vorm en laat het afkoelen en stijf worden.
Als dat gebeurd is, haalt u de daube uit de vorm en garneert u hem met enkele schrijfjes citroen en wat takjes peterselie.

Frikadel van gehakte garnalen

300 g gekookte,
garnalen
2 eieren
1 el gehakte peterselie
1 geklopt eiwit
melk
paneermeel
boter of olie
1½ tl zout
1 tl geraspte
nootmuskaat
1 tl peper

Bereiding:

Snijd de garnalen fijn. Meng de garnalen door de 2 losgeklopte eieren. Voeg hieraan de peterselie, zout, peper, nootmuskaat, wat paneermeel en de melk toe.
Kneed dit mengsel goed door elkaar en draai er daarna balletjes van, die u door het eiwit en vervolgens door paneermeel rolt.
Verhit de olie of boter en bak de balletjes mooi bruin en gaar.

Kerrie oedang

400 g garnalen
(gamba's)
2 uien
4 teentjes knoflook
2 spaanse pepers
1 tl trassie
1 dl santen van $^{1}/_{8}$ blok
2 cm sereh
olie
zout
peper

Bereiding:

Was de verse garnalen onder stromend water en besprenkel ze met citroen.
Snipper de uien, maak de knoflook schoon en pers hem uit, stamp de pepers. Fruit de ui, knoflook en de pepers met trassie gedurende 3 minuten in olie.
Voeg hieraan de garnalen toe, de sereh en santen.
Laat het geheel nog een paar minuten bakken.

Kerrie ikan

500 g vis
1 rode ui
3 teentjes knoflook
2 tl trassiewater
2 el citroensap
½ blok santen
2 el olie
2 dl water
4 tl ketoembar
2 tl djintan
4 spaanse pepers
2 tl koenjit
1 cm gember
1 cm laos
1 st sereh

Bereiding:

Snipper de ui, maak de knoflook schoon en pers hem uit. Snijd de vis in moten en smeer het in met wat zout.
Braad de uien, de knoflook, de ketoembar, djintan, fijngemaakte spaanse pepers, koenjit, gember, laos en sereh in wat olie gedurende drie minuten.
Bak vervolgens de moten vis hierin.
Voeg 2 dl water toe met de santen.
Kook het geheel een paar minuten goed door.
Zet nu het vuur lager en voeg het trassiewater en citroensap toe en laat dit nog even sudderen.
Voeg het citroensap heel voorzichtig toe zodat het gerecht niet gaat schiften.

Kerrie makreel

2 verse makrelen
1 ui
2 teentjes knoflook
asemwater van 1/2 tl asem
1/2 blok santen
2 dl water
1 spaanse peper
1/2 st sereh
1 tl trassie
zout

Bereiding:

Snijd de ui fijn, maak de knoflook schoon en pers hem uit. Wrijf de spaanse peper fijn.
Fileer de vis en snijd hem in moten. Wrijf ze in met zout en bak ze bruin in olie.
Bak ondertussen de ui, knoflook, peper, sereh gedurende 2 minuten in wat olie.
Voeg nu de moten makreel en de trassie toe en laat dit enkele minuten goed bakken.
Los de santen op in 2 dl heet water en voeg dit toe aan de vis.
Laat het gerecht nog ongeveer 5 minuten sudderen en doe er pas vlak voor het opdienen het asemwater bij.

Ei-gerechten

Dadar ajam ati

250 g kippenlevertjes
1 ui
2 teentjes knoflook
2 el bloem
6 eieren
2 el water
olie
1/2 tl laos
1/2 tl kerrie djawa
2 el citroensap
zout
peper

Bereiding:

Snijd de kippenlevertjes fijn en bak ze half gaar. Snijd de ui klein, pers de knoflook en voeg ze samen met de kruiden aan de levertjes toe.
Voeg wat bloem toe om het mengsel te binden.
Klop de eieren los met het water en zout.
Bak hiervan een omelet lichtbruin en gaar, schep er het levermengsel op en vouw de omelet dubbel.

Dadar kepiting

6 eieren
1 blik kreeft
1 prei
2 teentjes knoflook
100 g rookspek (in dobbelsteentjes gesneden)
boter
peper
zout
selderie

Bereiding:

Kluts de eieren met peper en zout.
Bak de dobbelsteentjes spek en voeg de uitgeperste knoflook toe.
Snijd de prei in dunne ringen en bak ook dit mee.
Bak een omelet van het geklopte ei.
Schep alle ingrediënten erin en klap hem dicht.
Bak daarna ook de andere kant nog even.

Telor reboeng

100 g achterham
1 blik bamboespruiten
5 eidooiers
1 ei
1 dl ketjap
50 g boter
zout
peper
1 el maizena

Bereiding:

Snijd de ham in reepjes. Laat de bamboe uitlekken, bewaar het vocht, en snijd de bamboe vervolgens in snippers.
Klop de eidooiers met het ei tot een gladde massa.
Voeg hieraan de maizena toe met ongeveer 1 dl van het bamboenat.
Vermeng dit met ketjap, zout en peper.
Schep ham en bamboespruiten door het eimengsel en bak de massa in een koekepan langzaam gaar.
U moet de massa naar het midden van de pan voortdurend omscheppen.

Dadar oedang

8 eieren
8 el melk
2 tl maizena
olie
50 g garnalen
peper
zout
1 el peterselie
2 teentjes knoflook

Bereiding:

Splits de eieren en klop ze alle afzonderlijk op. Maak de maizena met de melk aan. Roer de eidooier hierdoorheen.
Maak de knoflook schoon en pers hem uit. Voeg hieraan de peper, zout en fijngehakte peterselie toe.
Schep het eiwit voorzichtig door het eimengsel.
Bak hiervan met de kruiden een omelet, strooi er op het laatst de gewassen garnalen over.
Klap de omelet dubbel en bak hem nog even aan weerszijden.

Dadar telor

4 eieren
½ rode paprika
1 ui
1 tomaat
1 el water
zout
olie

Bereiding:

Snijd de ui zeer klein. Maak de paprika schoon en snijd hem in dunne reepjes. Snijd de tomaat in dunne plakjes.
Verhit de olie en fruit hierin de ui ongeveer 3 minuten.
Voeg de paprika en tomaat toe en laat alles even doorsudderen.
Klop de eieren los met een el water en wat zout.
Voeg de eieren aan het groentemengsel toe en bak alles op een laag vuur lichtbruin.
Blijf roeren tot de eieren helemaal gestold zijn.

Dadar isi

200 g gehakt
1 ui
2 teentjes knoflook
2 tl kerrie djawa
1 el fijngehakte selderie
4 eieren
2 el water
olie
zout

Bereiding:

Verhit wat olie en bak hierin het gehakt. Blijf doorlopend met een vork roeren zodat de massa rul wordt. Snijd de ui klein, maak de knoflook schoon en pers hem uit. Voeg de ui, knoflook, de kerrie, selderie en wat zout en peper aan het gehakt toe.
Laat alles op een laag vuur ongeveer 5 minuten sudderen.
Klop de eieren los met het water en wat zout.
Verhit wat olie en bak hierin de omelet lichtbruin en gaar.
Schep het gehaktmengsel op de omelet en sla deze dubbel.
Bak de omelet nog heel even aan weerszijden.

Dadar djawa

8 eieren
1 ui
1 spaanse peper
2 tl zout
1 tl peper
boter
kokosolie

Bereiding:

Snijd de ui klein en stamp de spaanse peper fijn. Fruit dit gedurende 2 minuten in wat boter. Kluts de eieren met zout en peper en bak er in de kokosolie een omelet van. Strooi hierover de ui en peper en vouw de omelet dicht. Draai hem om en bak hem nog een paar minuten aan weerszijden.

Dadar boemboe

4 eieren
1 ui
1 teentje knoflook
1 tl sambal oelek
$^1/_4$ tl trassie
1 prei
1 el fijngesneden selderie
olie
zout

Bereiding:

Snijd de ui klein, maak de knoflook schoon en pers hem uit. Meng de ui met de knoflook, de sambal en de trassie. Wrijf alles fijn. Snijd de prei in dunne ringen.
Klop de eieren los met wat zout. Voeg er de kruiden bij. Voeg de prei en selderie toe en roer alles goed door elkaar.
Verhit wat olie en bak op een matig vuur de omelet lichtbruin en gaar. Snijd de omelet in dunne reepjes.

Gevulde omelet met kip

8 eieren
1 kippenborst
1 ui
2 teentjes knoflook
4 kemirienoten
1 el ketoembar
1/2 el djintan
1/2 tl koenjit
1/2 tl laos
1/2 tl trassie
1 tl zout
sap van 1 citroen
1 dl santen
boter

Bereiding:

Snijd de kippenborst fijn. Hak de uien klein en maak de knoflook schoon en pers hem uit.
Maal de kemirienoten. Meng deze met de overige kruiden en fruit dit gedurende 3 minuten in de boter.
Voeg dan de santen toe en kook het geheel tot het bijna droog is. Voeg het citroensap toe.
Bak van de losgeklopte eieren met een beetje zout een omelet.
Als deze gaar is, doet u het kruidenmengsel erin en u slaat de omelet dicht.
Bak de omelet aan weerszijden bruin.

Telor goelèï kling

10 eieren
2 uien
boter
½ l bouillon
2 el maizena
1½ dl melk
zout
1 el boemboe kerrie
benggala

Bereiding:

Snijd de ui fijn en bak hem in boter lichtbruin. Kook de gebakken ui met de boemboe kerrie in de bouillon tot ze zacht is.
Maak de maizena aan met wat melk en roer dit voorzichtig door de bouillon tot deze dik genoeg is.
Kook de eieren hard, snijd ze in 4 parten of doe ze heel in een ovenschotel en giet de warme saus erover.
Dit gerecht wordt uitsluitend warm gegeten.

Kaber kebertu

7 eieren
150 g kalfsgehakt
1 ui
2 el sereh
3 el santen
½ el sambal
1 tl djintan
½ el sambal
1 tl djintan
½ tl koenjit
1½ tl ketoembar
½ tl trassie
½ tl peper
½ tl zout

Bereiding:

Kluts de eieren met zout en peper en bak er een omelet van.
Snijd de ui fijn en meng dit met de overige kruiden door het kalfsgehakt. Braad het geheel vervolgens aan in de boter.
Voeg daarna de santen toe en laat het gerecht net zolang koken tot het bijna droog is. Leg nu het gehakt in de omelet, vouw hem dicht en bak hem nog enkele minuten aan weerszijden bruin.

Piendang telor

4 eieren
1 ui
2 teentjes knoflook
1 tl sambal oelek
½ tl trassie
3 el water
1 el azijn
4 el ketjap manis
2 tl suiker
olie
zout

Bereiding:

Kook de eieren hard, laat ze afkoelen en snijd ze in de lengte doormidden.
Snijd de ui klein, maak de knoflook schoon en pers hem uit. Vermeng de ui, de knoflook, de laos en de sambal. Wrijf alles fijn.
Verhit wat olie en fruit het kruidenmengsel gedurende ongeveer 3 minuten.
Voeg water, azijn, ketjap en suiker toe. Laat alles aan de kook komen. Draai het vuur laag en laat de saus nog 3 minuten zachtjes sudderen. De saus op smaak maken met wat zout.

Leg de eieren op een schaaltje en schenk de warme saus er overheen.

Telor asin

6 eendeneieren
8 kippeneieren
500 g grof zout
2 l kokend water

Voorbereiding:

Los het zout op in het kokende water. Was de eieren en doe ze in een pot. Giet het afgekoelde water over de eieren en laat dit drie weken staan.

Bereiding:

Breng de eieren met koud water aan de kook. De eendeneieren moeten minstens 15 minuten, de kippeneieren 12 minuten koken.

Verdeel de eieren in helften voor u ze serveert.

Ame koemoete

8 zachtgekookte eieren
1 ui
5 teentjes knoflook
1 el sambal
1 tl zout
1 tl koenjit
2 dl santen
2 el asemwater

Bereiding:

Druk de zachtgekookte eieren plat zonder ze te laten barsten. Snijd de ui en de knoflook fijn, vermeng ze met de sambal, koenjit en het zout. Kook het geheel in de santen. Voeg dan het asemwater en de eieren toe en kook de saus nog enkele minuten totdat ze gebonden is.

Dadar ham

4 eieren
2 el melk
100 g ham
nootmuskaat
peper
zout
olie

Bereiding:

Klop de eieren los met de melk, wat nootmuskaat, zout en peper.
Snijd de ham in zeer dunne reepjes.
Verhit wat olie en bak hierin op een laag vuur het eiermengsel goudbruin.
Voeg wanneer het gerecht bijna gaar is de ham toe en laat deze nog even mee warm worden.

Saté en satésauzen

Saté babi

500 g varkensvlees
1 ui
8 teentjes knoflook
7 kemirienoten
2 citroenschillen
2 el asemwater
1½ dl bouillon
2 dl santen van ¼ blok
satéstokjes
1 el ketoembar
½ el djintan
1 tl koenjit
1 tl trassie
½ tl kentjoer
½ tl laos
1 tl suiker
1 tl zout

Bereiding:

Snijd het varkensvlees in dobbelsteentjes. Snijd ui en knoflook fijn, rasp de citroenschillen en maal de kemirienoten fijn.
Vermeng dit met de kruiden. Neem ¾ van het kruidenmengsel en doe het asemwater erbij. Wrijf het vlees hiermee in.
Kook de bouillon met de rest van de kruiden, met de santen en de citroenschillen onder af en toe roeren tot een dikke saus.
Rijg het vlees aan de stokjes en rooster die terwijl u voortdurend het vlees met de saus besprenkelt.

Saté babi marinade

500 g varkensvlees
2 sjalotjes
2 teentjes knoflook
2 el boter
2 el ketjap
satéstokjes
1 tl ketoembar
½ tl laos
1 tl zout
1 tl gemberpoeder
1 tl asem
1 tl goela djawa

Bereiding:

Snijd het vlees in dobbelsteentjes. Maak de knoflook schoon en pers hem uit. Snijd de sjalotjes fijn. Wrijf dit samen met de kruiden zo fijn mogelijk.
Smelt de boter gedurende korte tijd (niet te bruin), haal het van het vuur en roer kruiden en ketjap erdoor. Voeg hieraan het vlees toe en laat het ongeveer een half uur marineren.
Rijg het vlees vervolgens aan de stokjes en rooster dit.

Saté kojoe mani tjina

500 g varkensvlees
1 ui
7 teentjes knoflook
2 dl santen van $^{1}/_{8}$ blok
1 gemalen
zoethoutstokjes
satéstokjes
1 el ketoembar
$^{1}/_{2}$ el djintan
1 tl peper
1 tl zout
1 tl nootmuskaat

Bereiding:

Snijd de ui klein, maak de knoflook schoon en pers hem uit. Vermeng knoflook en ui met de kruiden en het zoethout. Wrijf het in blokjes gesneden vlees in met $^{3}/_{4}$ van dit mengsel.

Prik het vlees aan de satéstokjes en rooster het. Besprenkel de stokjes regelmatig met de saus van santen en de rest van het kruidenmengsel.

Saté boemboe roedjak

400 g rundvlees
2 kemirienoten
2 Spaanse pepers
1 sch laos
1/2 tl trassie
1 el santen
asem
zout
satépennen

Bereiding:

Maak de kemirienoten, pepers, laos en trassie fijn en vermeng dit met de santen en asem. Voeg zout naar smaak toe.
Snijd het vlees in dobbelsteentjes. Voeg het vlees toe aan het kruidenmengsel en laat het een tijdje in de marinade staan.
Rijg vervolgens het vlees aan de pennen of stokjes en rooster ze boven heet vuur.

Saté bali

500 g rundvlees
1 ui
2 teentjes knoflook
2 dl santen van 1/8 blok
1 tl asem
4 kemirienoten
olie
satéstokjes
1/2 tl laos
1/2 tl sereh
1/2 tl koenjit
1/2 tl gemberpoeder
1 el ketoembar
1/2 el djintan
1 tl trassie
2 tl zout
2 daon djeroek
poeroet

Bereiding:

Stamp, ui, knoflook en kemirienoten fijn en voeg alle kruiden hieraan toe. Meng tenslotte ook de santen erdoor.
Snijd het vlees in blokjes en wrijf die in met het kruidenmengsel. Steek ze aan de stokjes en rooster het vlees, terwijl u het regelmatig besprenkelt met olie.

Saté boemboe koening

150 g runderlever
250 g rundvlees
2 kemirienoten
1 Spaanse peper
½ tl trassie
½ tl ketoembar
2 uien
1 tl koenjit
1 sch laos
4 el santen
asem
zout
2 el olie
satépennen

Bereiding:

Snijd het vlees en de lever in dobbelsteentjes.
Maak de kemirienoten, peper, trassie, ketoembar, uien, koenjit en laos fijn en fruit dit mengsel gedurende 3 minuten in de olie.
Doe hier de dikke santen bij en kook de saus tot de olie boven drijft.
Laat het geheel afkoelen en voeg vlees en lever toe.
Laat het vlees even marineren en rijg het vervolgens aan de stokjes.
Rooster de stokjes saté boven een houtskoolvuur.

Saté pentol

500 g rundergehakt
1 el sambal
50 g geraspte kokos
4 teentjes knoflook
2 dl santen van $^{1}/_{8}$ blok
1 el asemwater
2 eidooiers
olie
satéstokjes
2 el boemboe kerrie
2 el serehpoeder
1 tl suiker
1 tl trassie
1 tl zout

Bereiding:

Pers de knoflook en fruit dat met de kruiden in de olie gedurende 2 minuten. Laat het nadien goed uitlekken in een zeef.
Stamp het mengsel fijn en meng het met $^{3}/_{4}$ deel van de geklopte eidooiers en het asemwater door het vlees. Voeg ook de kokos toe. Kneed dit mengsel goed en draai er kleine balletjes van.
Steek de balletjes aan een stokje en rooster die terwijl u ze besprenkelt met een saus van santen en de rest van het kruidenmengsel.

Saté oedang

12 grote garnalen (zogenaamde chinese garnalen)
4 teentjes knoflook
zout
peper

Bereiding:

Pel de garnalen, maak ze schoon en maak in de rug een inkeping. Maak de knoflook schoon en pers hem uit. Meng de knoflook met wat zout en peper.
Wrijf alles zeer fijn. Smeer de garnalen met het knoflookmengsel in en laat ze ongeveer 1 uur in deze marinade staan.
Rijg 2 à 3 garnalen op een pen of een satéstokje.
Rooster de stokjes in de grill of boven een houtskoolvuur gaar.

Saté lemboet

25 g gebakken geraspte kokos
50 g geraspte kokos
5 kemirienoten
2 uien
4 teentjes knoflook
1 tl trassie
zout
olie
saté stokjes
2 el sambal
2 el ketoembar
1 el djintan
1 tl peper
1 tl kentjoer
½ tl laos
1 el gemberpoeder
½ el serehpoeder
5 daon djeroek poeroet

Bereiding:

Snijd de uien klein, maak de knoflook schoon en pers hem uit. Fruit de ui, de knoflook en 1 el sambal gedurende 3 minuten in olie.
Meng de kokos, de gemalen kemirienoten, 1 ui, 2 teentjes knoflook en de overige kruiden. Vermeng nu de gefruite kruiden met de andere en breng het mengsel op smaak met zout. Draai er balletjes van en rooster die bruin.

Saté boemboe dendeng

400 g ossehaas
2 uien
1 teentjes knoflook
½ tl ketoembar
2 sch laos
suiker
zout
2 el citroensap
1 el dikke santen
satépennen

Bereiding:

Snijd het vlees in niet te kleine dobbelsteentjes.
Snijd de uien klein, maak de knoflook schoon en pers hem uit.
Meng de ui met de knoflook, de laos en ketoembar en wrijf dit met een vijzel heel fijn. Maak een saus van dit kruidenmengsel en de overige inbgrediënten.
Doe het vlees in deze saus en laat het goed intrekken.
Rijg het vlees aan satéstokjes en rooster ze boven een heet vuur.

Saté manis

300 g ossehaas
2 teentjes knoflook
½ el ketjap
suiker
citroensap
zout
satépennen

Bereiding:

Snijd het vlees in dobbelsteentjes. Pers de knoflook in de knijper uit en meng dit goed met ketjap, suiker, citroensap en zout naar smaak. Vermeng het vlees met dit kruidenmengsel en laat het even intrekken. Rijg dan de stukjes aan de pennen. Rooster de pennen boven gloeiend houtskool.

Saté daging

500 g lamsvlees
1 tl asem
zout
1 tl trassie
1 el sambal
1 el goela djawa
1 el ketoembar
½ el djintan
2 dl santen van ⅛ blok
satéstokjes

Bereiding:

Meng de helft van alle ingrediënten met de santen. Roer het goed door en laat het even staan.
Snijd het vlees in stukjes en wrijf het met de rest van de kruiden in. Rijg het vlees aan de stokjes en besprenkel het regelmatig met de saus terwijl u de stokjes roostert.

Saté ajam

500 g kipfilet
2 uien
3 teentjes knoflook
5 el ketjap manis
zout
peper
satépennen of stokjes

Bereiding:

Snijd het vlees in blokjes. Snijd de uien klein, maak de knoflook schoon en pers hem uit. Meng de ui, de knoflook, ketjap en wat zout en peper.
Doe het kippevlees in de marinade en alles tenminste twee uur intrekken.
Rijg het vlees aan de pennen of stokjes en rooster het in de grill of boven een houtskoolvuur.

Saté ajam betawi

500 g kipgehakt
2 rode uien
3 teentjes knoflook
2 kemirienoten
1 el trassiewater
4 daon djeroek
poeroet
2 el goela djawa
1½ tl zout
1 el asemwater
olie
satéstokjes

Saus:
½ tl koenjit
3 kemirienoten
2 dl dikke santen
2 tl peper
1 el djintan
2 el ketoembar
3 el geraspte kokos

Bereiding:

Stamp de kruiden fijn en fruit ze gedurende 3 minuten in wat olie. Voeg de gesnipperde ui en de uitgeperste knoflook toe. Meng vervolgens de djeroek poeroet, goela djawa en zout met de gebraden kruiden door het kipgehakt. Voeg dan asem en trassiewater toe. Kneed dit goed door elkaar en maak niet te kleine balletjes balletjes van het gehakt en steek ze aan de satépennen.

Voor de saus maakt u de kemirienoten fijn. De koenjit voegt u hieraan toe en u kookt dit op met de santen.

Terwijl de saté geroosterd wordt, giet u deze saus over het vlees.

Saté ajam toesoek

500 g kipgehakt
1 ui
4 teentjes knoflook
1 eidooier
2 dl santen van $\frac{1}{8}$ blok
1 stukje citroenschil
satéstokjes
1 el sambal
1 el ketoembar
$\frac{1}{2}$ el djintan
$\frac{1}{2}$ el suiker
$\frac{1}{2}$ tl laos
$\frac{1}{2}$ tl kentjoer
1 tl peper
1 tl zout

Bereiding:

Snijd ui klein, maak de knoflook schoon en pers hem uit. Rasp de citroenschil. Meng dit met het kipgehakt en de kruiden.
Voeg de eidooier toe en maak van het gehakt kleine balletjes van.

Rijg de balletjes aan de stokjes en rooster ze terwijl u ze af en toe besprenkelt met de santen.

Saté ikan

500 g kabeljauw of schelvis
1 ui
3 teentjes knoflook
2 eieren
meel
2 dl santen van 1/8 blok
paneermeel
1 prei
peterselie
satéstokjes
1 el ketoembar
2 el serehpoeder
1/2 el djintan
1/2 tl laos
1/4 tl peper
1 tl suiker

Bereiding:

Maak de vis fijn. Snijd ui en knoflook fijn en vermeng ze met de ketoembar, sereh, djintan, laos, een beetje suiker en wat peper.
Splits de eieren en klop het eiwit stijf. Neem 3/4 deel van het kruidenmengsel en voeg de eierdooiers, de fijngesneden prei, gehakte peterselie en de vis toe.
Draai hier balletjes van en haal die door het eiwit en het paneermeel.
Vermeng de rest van het kruidenmengsel met de santen.
Rijg de balletjes aan de stokjes en rooster ze, terwijl u ze af en toe besprenkelt met de santensaus.

Kerrie saté

500 g lamsvlees
1/4 blok santen
2 uien
4 teentjes knoflook.
2 dl water
citroensap
1 el ketoembar
1/2 tl djintan
5 kemirienoten
1 spaanse peper
1 tl laos
1 tl gemberpoeder
100 g geraspte kokos
boter
peper
zout

Bereiding:

Snijd het vlees in dobbelsteentjes.
Snijd de ui fijn, maak de knoflook schoon en pers hem uit.
Steek het vlees aan de satéstokjes en besprenkel ze met citroensap.
Fruit de ui met de knoflook, djintan, laos, fijngewreven spaanse peper, gemberpoeder, geraspte kemirienoten, koenjit en de geraspte kokos gudurende 2 minuten in wat boter.
Leg hierin de stokjes lamsvlees en braad ze aan.
Voeg dan de santen toe en 2 dl water en laat het geheel zachtjes gaar sudderen.

Satésauzen

Bij saté hoort een saus. Het meest bekend is natuurlijk de pindasaus. Er bestaan echter nog een aantal andere sauzen die minstens zo goed smaken bij een stukje geroosterd vlees saté als de pindasaus.

De sauzen kunnen bij alle soorten saté geserveerd worden. Alleen bij de saté oedang is slechts de ketjapsaus op zijn plaats. Een andere saus zou de smaak van de garnalen teniet doen.

Katjangsaus

(pindasaus)

1 ui
2 teentjes knoflook
4 eetlepels pindakaas
1 tl sambal oelek
$^1/_2$ tl trassie
2 el ketjap manis
1 tl goela djawa
sap van 1 citroen
3 dl water
1 cm santen
olie
zout

Bereiding:

Snijd de ui klein, maak de knoflook schoon en pers hem uit. Vermeng de ui met de knoflook, de sambal en de trassie.
Wrijf alles zeer fijn. Verhit wat olie en fruit dit kruidenmengsel gedurende 2 minuten. Voeg de pindakaas, de ketjap, suiker en het citroensap toe.
Roer alles heel goed door elkaar. Voeg dan het water toe en laat alles op een laag vuur, onder voortdurend roeren tot de saus licht gebonden is.
Voeg tenslotte de santen toe en laat de saus nog 3 minuten zachtjes doorkoken.
Eventueel op smaak brengen met wat zout.

Ketjapsaus

1 ui
1 tl sambal oelek
3 eetlepels ketjap manis
sap van $\frac{1}{2}$ citroen
1 tl goela djawa of bruine suiker
zout

Bereiding:

Snijd de ui klein. Vermeng de ui met de sambal, de ketjap, het citroensap en de in wat heet water opgeloste goela djawa.
Roer alles heel goed door elkaar. Laat de saus minstens 1 uur staan voor u hem gebruikt.

Ketjapsaus met kokos

3 el ketjap manis
2 el kokosmeel
$\frac{1}{2}$ tl trassie
$\frac{1}{2}$ tl sambal oelek
sap van $\frac{1}{2}$ citroen
1 tl goela djawa (of bruine suiker)
zout

Bereiding:

Bak het kokosmeel op een laag vuur in een koekepan. Schep de kokos tijdens het bakken steeds om tot alles lichtbruin van kleur is. Vermeng de kokos met de sambal en de trassie. Wrijf alles zeer fijn. Meng het kruidenmengsel met het citroensap, de ketjap, de suiker en wat zout.
Roer alles goed door elkaar en laat de saus voor u hem gebruikt ongeveer 1 uur staan.

Sambalans

De sambalans behoren tot de bijgerechten, ze worden altijd geserveerd bij de hoofdgerechten.
Sambal oelek (fijngewreven spaanse pepers met wat zout) kan beschouwd worden als de basis van de verschillende sambals.

Het fijnwrtijven van de pepers gaat gemakkelijker als u de pepers eerst poft of even in heet water legt.

U kunt ook de kant en klare sambal oelek gebruiken als basis voor de hier beschreven recepten.

Sambal oelek

20 rode pepers
2 tl zout

Bereiding:

Was en snijd de pepers in kleine stukjes. Wrijf ze in een vijzel heel fijn met het zout, totdat het een gladde massa is.
U kunbt de pepers ook fijnmalen in een vleesmolen of keukenmachine.
Wanneer u deze sambal in een schoongewassen goed afsluitbaar potje in de koelkast zet, kunt u ze vrij lang bewaren.
Ook kan de sambal ingevroren worden en is dan nog langer houdbaar.

Sambal trassi

20 rode spaanse pepers
1 tl zout
1 tl trassie

Bereiding:

Maak een sambal oelek zoals hiervoor beschreven en voeg daar de trassie aan toe.
Alles zorgvuldig door elkaar mengen.

Sambal katjang

500 g pinda's
3 el olie
3 dl dikke santen
4 el asemwater
2 el olie
zout
8 rode spaanse pepers
3 teentjes knoflook
1 cm gember
4 sjalotjes
2 tl trassie
2 tl bruine suiker

Bereiding:

Stamp de rode pepers, knoflook, gember, sjalotjes, trasseie en bruine suiker fijn.
Fruit dit kruidenmengsel gedurende 2 minuten in wat olie. Voeg de santen toe en laat dit op een laag vuur onder voortdurend roeren staan.
Wanneer de santen volledig is opfgenomen voegt u de fijngestampte pinda's toe. Zet het vuur iets hoger en bak de massa tot de olie er uit komt.
Voeg eventueel wat zourt toe.
Haal de pan van het vuur en roer er langzaam het asemwater door.

Deze sambal smaakt uitstekend bij saté ajam, petjes en gado-gado met witte rijst.

Sambal asem

1 kleine ui
1 el sambal oelek
2 tl asem
2 dl water
1 el bruine suiker
1 tl zout

Bereiding:

Kook de asem met de bruine suiker in water tot het een dikke brij is. Voeg nu de sambal oelek toe en de gesnipperde ui. Laat dit mengsel nog een paar minuten goed doorkoken.
Zeef het vervolgens en laat het daarna nog heel even koken.

Sambal ikan terie

300 g ikan terie
1 ui
1 spaanse peper
1/8 blok santen
1 el asemwater
1 el citroensap
2 el olie

Bwereiding:

Snijd de ui klein en stamp deze met de spaanse peper fijn en fruit dit gedurende 2 minuten in de olie.
Voeg de ikan terie toe en laat dit even meebakken terwijl u goed blijft roeren.
Voeg het asemwater en citroensap toe en laat dit nogmaals even meebakken.
Voeg tenslotte de santen toe en laat dit meebakken tot de olie bovenkomt.

Sambal petis

10 spaanse pepers
½ tl zout
2 tl petis

Bereiding:

Bereid de pepers en het zout als bij de sambal oelek en voeg vervolgens de petis er aan toe.

Sambal bawang

20 rode uien
2 teentjes knoflook
10 spaanse pepers
1 el goela djawa
2 el asemwater
zout

Bereiding:

Kook en halveer de spaanse pepers. Snijd de uien klein, maak de knoflook schoon en pers hem uit.
Stamp de pepers met de goela djawa fijn. Braad de gehakte uien en de knoflook gedurende 3 minuten in wat olie. Voeg de pepers en het asemwater toe.
Laat dit alles koken tot de uien gaar zijn en de olie bovenkomt.

Sambal godok

2 el witte kool
1 el kouseband
1 el petehboontjes
200 g gepelde garnalen
1 ui
4 teentjes knoflook
1 sch laos
1 tl trassie
4 geraspte kemirienoten
2 el sambal oelek
1/2 el ketoembar
1/2 blok santen
1 djeroek poeroet schil
olie
zout

Bereiding:

Snijd de kool, de kouseband en de ui klein. Maak de knoflook schoon en pers hem uit. Kook de groenten gaar en bak de uien in wat olie lichtbruin.
Maak alle kruiden fijn en voeg dit bij de groenten. Laat het geheel koken tot het een dikke brij is geworden.

Sambal badjak

2 uien
2 teentjes knoflook
10 gemalen kemirienoten
6 spaanse pepers
½ st sereh
4 daon djeroek poeroet
2 daon salam
1 sch laos
1 el suiker
3 el asemwater
2 el trassiewater
1 tl zout
1 cm santen
olie

Bereiding:

De uien, spaanse pepers en de knoflook worden heel fijn gesneden en samen met de sereh, laos, suiker en een beetje zout gedurende 3 minuten in de olie gebakken.
Voeg nu het asemwater, trassiewater en de daon salam en daon djeroek poeroet toe.
Laat het geheel een paar minuten zachtjes sudderen.
Voeg tenslotte de santen toe en laat het mengsel zo lang sudderen tot de olie er uit komt en de sambal bijna droog is.
Af en toe de sambal goed doorroeren.

Sambal klappa

300 g geraspte kokos
3 spaanse pepers
1 tl trassie
1 sch laos
2 tl zout
2 djeroek poeroet schillen
2 el olie

Bereiding:

Braad de kruiden met de fijngestampte pepers gedurende 3 minuten in olie.
Voeg al roerend de geraspte kokos toe en laat dit alles even staan.

Sambal klappa kan ook op een andere manier worden bereid met dezelfde ingrediënten:

Braad de geraspte kokos lichtbruin, snijd alle ingrediënten zeer fijn en fruit ze gedurende 2 minuten in wat olie. Voeg de djeroek poeroet toe. Voeg tenslotte de geraspte kokos toe en roer het geheel goed door.

Sambal peteh

½ potje petehbonen
1 el sambal oelek
1 ui
4 teentjes knoflook
1 sch laos
200 g gepelde garnalen
1 st sereh
2 el trassiewater
1 el asemwater
¼ blok santen
olie
zout

Bereiding:

Snipper de ui fijn, maak de knoflook schoon en pers hem uit. Stamp de rest van de kruiden en fruit ze behalve de sereh een paar minuten in de olie.
Meng de sambal, trasseie en asem door het kruidenmengsel. Laat dit een paar minuten doorkoken en voeg de petehbonen, de garnalen en tenslotte de santen toe.
Laat dit alles goed doorkoken onder af en toe roeren tot de olie bovenkomt.

Roedjak manis

10 spaanse pepers
1 st goela djawa
1 tl asem
2 tl trassie
1 tl zout
ketjap manis

Bereiding:

Stamp de pepers zeer fijn. Voeg hieraan de goela djawa, asem en trassie toe.
Meng het geheel tot een fijne massa. Voeg hieraan zout toe en leng het aan met de ketjap tot de gewenste dikte.

Sambal oedang kiong

1 ui
5 teentjes knoflook
200 g gedroogde garnalen
2 daon djeroek poeroet
3 spaanse pepers
1 tl trassie
½ st sereh
1 sch laos
1 tl suiker
1 tl zout
1 el asemwater
1 à 2 kopjes santen
olie

Bereiding:

Week of wel de garnalen. Snipper de ui, maak de knoflook schoon en pers hem uit. Fruit de ui samen met de knoflook, de fijngestampte pepers, de trassie, laos, sereh, suiker en zout gedurende 3 minuten in wat olie.
Voeg het asemwater toe en de djeroek poeroet. Laat het gerecht een paar minuten sudderen. Voeg nu de gewelde garnalen en tenslotte de santen toe.
Roer het gerecht net zo lang om tot de garnalen gaar zijn en de sambal een rode kleur heeft gekregen.

Sambal djelanta

6 groene spaanse pepers
6 rode spaanse pepers
1 tl trassie
1 dl water
2 el kokosolie
zout
boter

Bereiding:

Wrijf de spaanse pepers zeer fijn en fruit ze gedurende 3 minuten in de olie.Stamp of maal ze fijn met wat zout en de trassie. Verhit opnieuw wat olie en voeg het mengsel weer toe, voeg wat water bij en laat het mengsel bakken totdat het droog is.

Sambal katjang pandjang

200 g katjang pandjang
3 teentjes knoflook
2 rode uien
1 el sambal oelek
1 tl trassie
1 sch laos
1 cm santen
olie
zout

Bereiding:

Snijd de uien fijn, maak de knoflook schoon en pers hem uit.
Fruit ze met de fijngestampte kruiden gedurende 3 minuten in wat olie.
Kook de katjang pandjang bijna gaar, snijd ze eventueel wat fijner en voeg ze aan de uien toe.
Laat alles even doorkoken en voeg tenslotte al roerend de santen toe.
Laat alles zachtjes doorkoken tot de olie boven komt.

Sambal lobak

1 rode spaanse peper
2 rittichs
1 tl trassie
3 el azijn
2 el ketjap manis
1 klein schepje suiker
zout

Bereiding:

Snijd de rettich in dunne schijfjes en stamp de peper fijn. Verming dit met de trassie en wat zout. Roer hier wat azijn door met de suiker en de ketjap.
Giet dit mengsel over de rettich en roer het geheel goed door elkaar.

Sambal prei

1 prei
1 rode ui
2 el sambal oelek
4 kemirienoten
2 el citroensap

Bereiding:

Snijd de prei in hele dunne ringen en kneed ze met wat zout. Stamp de kemirienoten fijn. Snijd de uien klein. Kook dit alles en voeg op het laatst de santen, sambal en citroensap toe. Meng dit goed door elkaar. Laat de massa koken tot het geheel droog is.

Sambal kool

250 g witte kool
2 uien
6 teentjes knoflook
2 el sambal oelek
4 cm sereh
1 sch laos
1 tl zout
2 kopjes dikke santen
olie

Bereiding:

Snijd de uien klein, maak de knoflook schoon en pers hem uit. Fruit de uien met de knoflook, de sambal en de fijngewreven kruiden gedurende 3 minuten in wat olie.
Snijd de kool in dunne reepjes.
Voeg de kool aan het kruidenmengsel toe en bak het geheel tot de kool bijna gaar is.
Voeg nu de santen toe en laat het geheel met de deksel op de pan zachtjes gaar stoven.
Om het gerecht te verfijnen kunt u eventueel enkele verse garnalen en wat citroensap toevoegen.

Sambal goreng lombok

10 spaanse pepers
1 ui
3 teentjes knoflook
1 el asemwater
$^{1}/_{8}$ bl santen
1 sch laos
1 tl suiker
1 tl zout
2 daon djeroek
poeroet
olie

Bereiding:

Snijd de pepers fijn en ontpit ze. Fruit de gesnipperde ui met de uitgeperste knoflook, laos, zout en trassie gedurende 3 minuten in wat olie. Voeg de pepers en de djeroep poeroet toe. Als de peper bijna gaar zijn, voegt u het asemwater toe. Laat het geheel op een zacht vuur door bakken. Tenslotte voegt u de santen toe.
Het geheel zachtjes laten inkoken tot de olie boven komt.

Sambal goreng koewah

200 g vlees of kip
50 g snijboontjes
2 spaanse pepers
5 teentjes knoflook
2 uien
1 sch laos
1 tl trassie
2 daon djeroek
poeroet
1 el asemwater
$^{1}/_{84}$ bl santen
olie
zout

Bereiding:

Snijd het vlees of de kip in kleine stukjes. Maak de knoflook schoon en pers hem uit. Snijd de boontjes klein en snipper de ui.
Wrijf de spaanse pepers fijn. Fruit de ui met de knoflook en fijngewreven kruiden gedurende 2 minuten in wat olie. Voeg het vlees toe en laat het even meebakken.
Voeg de boontjes toe.
Tenslotte voegt u het asemwater en de daon djeroek proeroet toe.

Sambal goreng tempeh

1/4 bl tempeh
1 ui
2 teentjes knoflook
1 daon bawang moeda
1 prei
1 el taugé
1 el taotjo
3 el ketjap manis
1 dl bouillon
3 eieren
olie
zout

Bereiding:

Snipper de ui, maak de knoflook schoon en pers hem uit. Snijd de prei in hele dunne ringen.
Braad de ui en de gember bruin en voeg de tempeh en de gesneden boontjes toe. Als laatste voegt u de taugé toe.
Als de groenten bijna gaar zijn voegt u de taotjo en de ketjap toe. Roer alles goed door.
Tenslotte doet u er de geklutste eieren en de bouillon bij. Alles goed blijven roeren tot het gaar is en de eieren helemaal gestold zijn.
Eventueel zout naar smaak toevoegen.

Sambal goreng dendeng

100 g dendeng
1 rode ui
4 teentjes knoflook
2 el sambal oelek
1 sch laos
2 el olie
1 tl trassie
1 el asemwater
1 st goela djawa

Bereiding:

Snipper de ui, maak de knoflook schoon en pers hem uit. Bak de ui met de knoflook, de laos en de sambal gedurende 3 minuten in wat olie.
Bak in een andere pan de dendeng droog op. Maak de trassie aan met water en voeg dit met het asemwater en de goela djawa bij de ui. Voeg hieraan de dendeng toe, waarna u het geheel zo lang laat bakken dat de olie er uit komt.

Sambal goreng babi

500 g varkensvlees
3 uien
1 kleine prei
4 teentjes knoflook
2 el sambal oelek
1 tl suiker
1 tl trassie
4 el asemwater
olie
zout

Bereiding:

Snijd het vlees in kleine dobbelsteentjes en kook het in wat water. Bewaar de bouillon.
Snipper de uien, maak de knoflook schoon en pers hem uit. Fruit de uien met de knoflook gedurende 3 minuten in wat olie.
Voeg het vlees toe en laat het even meebakken.
Voeg het asemwater samen met de in dunne ringen gesneden prei en een beetje bouillon toe.
Laat het geheel zo lang doorkoken tot het bijna droog is.

Sambal goreng telor

5 eieren
1 ui
1 spaanse peper
4 teentjkes knoflook
1 el sambal oelek
5 kemirienoten
1 sch laos
4 cm sereh
1 tl trassie
1 el asemwater
1 dl dikke santen
olie
zout

Bereiding:

Kook de eieren hard. Snipper de ui, maak de knoflook schoon en pers hem uit. Wrijf de spaanse peper fijn.
Fruit de ui en de knoflook met de laos, de fijngemaakte kemirienoten, de trassie, sereh, suiker en een beetje zout in wat olie gedurende ongeveer 3 minuten.
Voeg het asemwater toe kook het even op en voeg vervolgens de santen toe.
Als laatste doet u de fijngemaakte spaanse peper erdoor en kookt u het nog even goed door.
Laat het geheel zachtjes doorkoken tot het ingedikt is en giet het dan over de in partjes gesneden eieren.

Sambal goreng daging

250 g varkensvlees
1 ui
5 teentjes knoflook
1 el asemwater
1 el trassiewater
1 el sambal oelek
1 spaanse peper
2 daon djeroek poeroet
2 daon salam
1 sch laos
1 tl trassie
1 tl bruine suiker
1 tl zout
olie

Bereiding:

Snijd de ui fijn, maak de knoflook schoon en pers hem uit. Fruit de ui met de knoflook, de laos, trassie en wat zout gedurende 3 minuten in wat olie.
Voeg het kleingesneden vlees toe en laat het even meebakken.
Voeg de daon djeroek poeroet, de daon salam en de grof gesneden peper toe.
Tenslotte worden het trassie- en asemwater onder voortdurend roeren toegevoegd.
Het gerecht is klaar wanneer het een geel-bruine kleur heeft en de olie er uit komt.

Sambal goreng godok

100 g garnalen
½ blok santen
500 g snijboontjes
4 groene spaanse pepers
4 rode spaanse pepers
4 uien
100 g petehbonen
2 teentjes knoflook
2 sch laos
1 tl trassie
1 tl suiker
olie
zout

Bereiding:

Kook de rode pepers en snijd ze fijn. Snipper de uien. Snijd de boontjes, de groene pepers en de petehbonen heel fijn.
Maak de knoflook schoon en pers hem uit.
Wrijf de kruiden zo fijn mogelijk. Fruit de helft van de uien met de knoflook gedurende 3 minuten in wat olie, voeg de pepers en de snijboontjes toe. Voeg nu de rest van de uien en de petehbonen toe en blus het af met zoveel water dat de groenten erin gaar kunnen koken. Wanneer de groenten gaar zijn, voegt u de santen en de garnalen toe, waarna u het gehele mengsel nog minstens 5 minuten zachtjes laat doorkoken.

Sambal goreng betawi

500 g kippenvlees
2 el sambal oelek
4 teentjes knoflook
1 rode ui
2 el trassiewater
1 dl asemwater
1 st goela djawa (of 1 tl bruine suiker)
zout

Bereiding:

Zout de niet te kleine stukken kip en braad ze in de olie. Maal de ui fijn met de knoflook en meng dit met een deel van het asemwater en al het trassiewater.
Giet dit mengsel over de kip en laat het geheel inkoken.
Voeg de goela djawa en de rest van het asemwater toe, tot het de gewenst dikte heeft.

Sambal goreng ajam

500 g kip
2 uien
2 teentjes knoflook
2 el asemwater
1 el citroensap
1 st sereh
1 sch laos
1 sch gember
1 el ketoembar
½ el djintan
zout

Bereiding:

Wrijf de in stukken gesneden kip in met zout en citroensap en braad ze aan in de olie.
Snipper de ui, maak de knoflook schoon en pers hem uit. Voeg de ui en knoflook met de fijngewreven kruiden toe aan de kip en laat het even meebakken.
Voeg vervolgens het asemwater toe en laat het geheel nog even sudderen tot de kip helemaal gaar is.

Sambal goreng oedang

200 g gepelde garnalen
½ dl santen
2 el citroensap
2 el olie
4 gekookte rode spaanse pepers
2 rode uien
2 teentjes knoflook
1 tl trassie
zout

Bereiding:

Besprenkel de garnalen met het citroensap. Stamp de pepers en de gesnipperde uien fijn. Maak de knoflook schoon en pers hem uit. Fruit dit kruidenmengsel in wat olie gedurende 2 minuten lichtbruin. Doe de garnalen erbij met de santen terwijl u dit alles goed door blijft roeren.
Laat het gerecht zachtjes koken onder voortdurend roeren tot de saus dik wordt en de olie erui komt.

Variaties hierop zijn bijvoorbeeld: bij de kruiden toevoegen 100 g peteh of 2 daon salam of 1 daon djeroep poeroet.

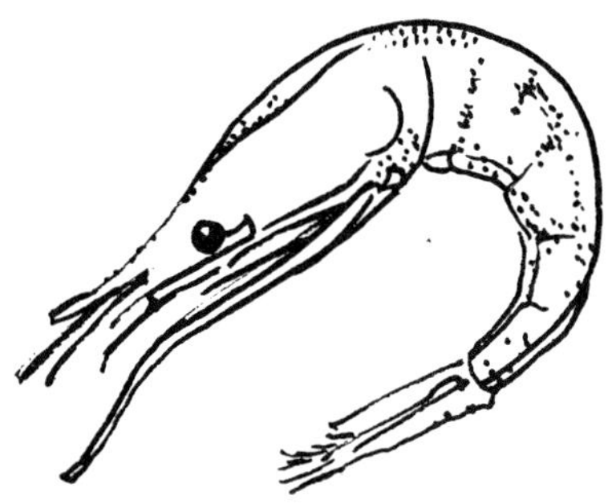

Sambal goreng makreel

2 gestoomde makrelen
2 uien
1 teentje knoflook
4 ontpitte rode spaanse pepers
1 sch laos
1 tl trassie
1/4 bl santen
2 dl water
2 el olie
zout

Bereiding:

Verwijder de graten van de makrelen.
Fruit de gesnipperde uien met de uitgeperste knoflook, de fijngewreven pepers, de trassie en laos gedurende 3 minuten in de olie.
Blus dit af met water en smelt hierin de santen.
Roer alles zorgvuldig door elkaar.
Wanneer de santen helemaal opgelost is voegt u de makrelen bij de saus.

Sambal goreng boontjes

200 g snijboontjes
1 grote ui
2 teentjes knoflook
2 el trassiewater
1 dl dikke santen
1 el asemwater
2 el sambal oelek
1 sch laos
½ st sereh
1 tl suiker
1 tl zout
olie

Bereiding:

Snijd de ui fijn, maak de knoflook schoon en pers hem uit. Fruit de ui met de knoflook gedurende 3 minuten met de kruiden in wat olie. Voeg de boontjes toe en laat die heel even meebakken.
Meng het trassiewater met het asemwater er doorheen en laat het even aan de kook komen. Vervolgens voegt u voorzichtig de santen toe en laat het mengsel net zo lang koken tot de olie er uit komt.

Djaganan

200 g selderie
1 el sambal oelek
2 teentjes knoflook
1 ui
4 kemirienoten
1 tl trassi
1 dl azijn
2 el ketjap manis
zout

Bereiding:

Snijd de seldie fijn. Kook de kruiden met de azijn tot een saus.
Laat de saus afkoelen en strooi de selderie erin.

Deze saus kunt u ook gebruiken bij geblancherde taugé.

Petjel mango

5 fijngesneden mango's
1 dl santen
2 teentjes knoflook
2 el sambal oelek
5 kemirienoten
1 tl trassie
zout

Bereiding:

Maak de knoflook schoon en pers hem uit. Maal de kemirienoten fijn. De fijngewreven kruiden worden met de santen opgewarmd net zo lang tot de saus helemaal ingedikt is.
De saus wordt dan over de in stukjes gesneden mango gegoten.

Roedjak djawa

1 komkommer
2 onrijpe bananen
2 zure appels
2 rode spaanse pepers
2 el ketjap manis
1 el asem
2 el water
1 bl goela djawa
1 tl trassie

Bereiding:

Snijd de komkommer en de appels in blokjes en de bananen in dunne schijfjes.

Maak een saus van de fijngehakte pepers met de ketjap, asem, water, goela djawa en trassie.
Roer de komkommer en de vruchten door de saus.

Roedjak tomaat

6 à 8 tomaten
2 spoaanse pepers
1 el suiker
2 el olie
citroensap
zout.

Bereiding:

Snijd de tomaten doormidden en haal het zaad eruit. Snijd ze in kleine schijfjes en bestrooi ze met zout en laat ze uitlekken.

Snijd de pepers heel fijn en vermeng ze met de schijfjes tomaat. Doe er olie, citroensap en suiker bij. Roer alles goed door elkaar. Laat het voor het serveren minstens een half uur staan.

Roedjak ketimoen

1 komkommer
2 spaanse pepers
1 el suiker
2 el olie
citroensap

Bereiding:

Snijd de komkommer in dunne schijfjes, strooi er wat zout over en laat het in een vergiet goed uitlekken.
Doe de fijngesneden pepers, de olie, het citroensap en de suiker erbij.
Roer alles goed door elkaar.

Atjar

Atjar zilveruitjes

20 zilveruitjes
zout
1/2 l azijn
2 el olie
3 teentjes knoflook
4 rode uien
3 geraspte kemirienoten
1 tl koenjit
2 sch gember

Bereiding:

Schil de gedroogde zilveruitjes en wrijf ze in met zout. Stamp de kruiden fijn en fruit ze gedurende 2 minuten in olie. Kook ze vervolgens in de azijn. Laat dit afkoelen en giet het over de uitjes.

Atjar van kool

100 g fijngesneden savoyekool
100 g taugé
½ geraspte komkommer

Saus:
sap van 3 citroenen
suiker
zout
1 tl sambal oelek

Bereiding:

Doe de fijngesneden groenten in een kom.
Vermeng de ingrediënten voor de saus en giet de saus over de groenten.
Voordat deze atjar geserveerd kan worden, moet hij minstens 1 uur intrekken.

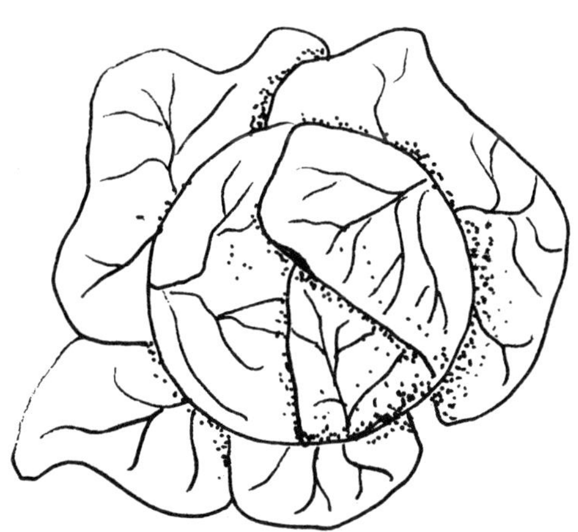

Atjar van rettich

4 kleine rettichs
suiker naar smaak
½ l azijn
zout

Bereiding:

Snijd de rettichs in dunne schijfjes. Bestrooi ze met zout.

Vermeng de azijn met zout en suiker naar smaak en giet deze saus over de rettich. Laat ze goed intrekken voor u de atjar serveert.

Atjar biet

4 gekookte bieten
$\frac{1}{2}$ l azijn
4 sch gember
2 kruidnagelen

Bereiding:

Snijd de bietjes in plakjes of dobbelsteentjes. Kook de azijn met gember en laat dit vervolgens afkoelen.
Doe de bieten in een stopfles, voeg hier de kruidnagelen aan toe. Giet de azijn erover.
Laat dit alles minstens 1 uur intrekken.

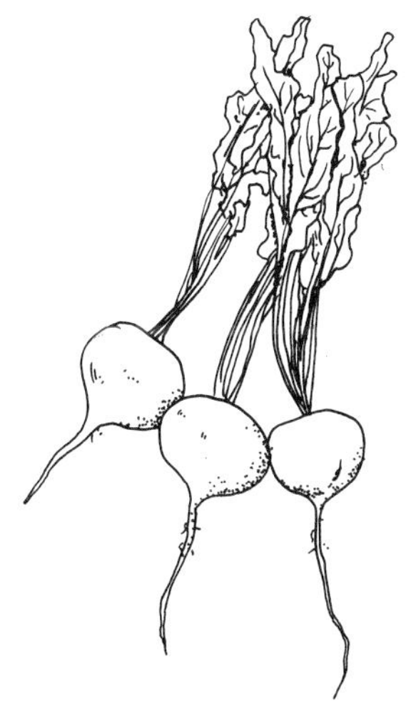

Atjar tjampoer I

100 g fijngesneden witte kool
100 g fijngesneden wortelen
1 komkommer (in blokjes)
100 g snijboontjes
100 g bloemkool (in roosjes)
suiker
olie
½ l azijn
1 tl koenjit
2 teentjes knoflook
1 sch gember
4 kemirienoten
1 fijngesnipperde ui
zout

Bereiding:

Wrijf de kruiden zo fijn mogelijk en fruit ze in olie gedurende 2 minuten. Doe er azijn en suiker naar smaak bij en laat een paar minuten het doorkoken.
Voeg dan wortelen, kool en snijboontjes toe, en wanneer deze groenten bijna gaar zijn, ook de komkommer en de bloemkool.
Kook het mengsel niet te lang door: de groenten moeten knapperig blijven.

Atjoer tjampoer II

diverse groenten
komkommer
3 uien
4 teentjes knoflook
3 el sambal
2 el fijngesneden gember
200 g gemalen mosterdzaad
1 tl koenjit
2 dl azijnslaolie
zout
olie

Bereiding:

Breng de groenten even aan de kook en droog ze daarna.
Snijd uien en knoflook fijn, fruit de knoflook in de olie. Maak ook de uien en de overige kruiden fijn en kook ze in azijn.
Hierna worden ze gezeefd.
Voeg nu de knoflook toe aan de azijn. Doe de gedroogde groenten in een stopfles en giet de azijn erover.

Atjar maïs

½ literblik maïs
azijn
zout
peper
1 rode Spaanse peper

Bereiding:

Laat de maïs goed uitlekken en doe de korrels in een pot. Kook de azijn met de fijngemaakte Spaanse peper, zout en peper en giet deze saus over de maiskorrels.
Sluit de pot.

Atjar van groene Spaanse pepers

200 g groene Spaanse pepers
$\frac{1}{2}$ l azijn
zout
suiker

Bereiding:

Doe de gewassen pepers in een pot. Kook de azijn met zout en suiker en giet deze saus over de pepers. Sluit de pot.

Atjar van groenten

250 g fijngesneden groenten (boontjes, kool, wortels)
$\frac{1}{2}$ l azijn
suiker
zout

Bereiding:

Doe de fijngesneden, rauwe groenten in een pot. Kook de azijn met suiker en zout.
Giet de azijn over de groenten. Sluit de pot.

Atjar koening

1 rode Spaanse peper
of paprika
3 komkommers
10 hele sjalotjes
2 teentjes knoflook in
schijfjes
2 el olie
2 dl water
1 dl azijn
suiker
2 kemirienoten
$^{1}/_{2}$ tl koenjit
1 sch gember
1 tl ketoembar
zout

Bereiding:

Snijd de komkommers in lange repen, evenals de Spaanse peper of paprika.
Stamp de kruiden fijn. Bak ze in de olie gedurende 2 minuten lichtbruin en doe het water erbij. Roer het geheel goed door en voeg dan de azijn toe.
Laat dit een paar minuten koken.
Voeg suiker en zout toe, terwijl u goed roert.
Voeg dan de rest toe en laat het geheel goed gaar sudderen.

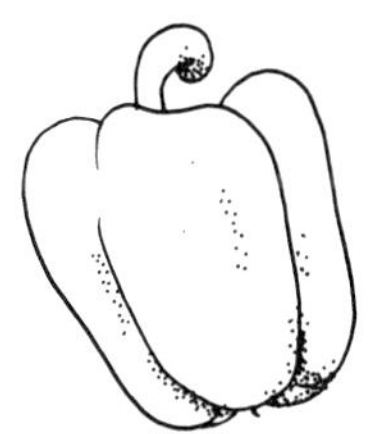

Atjar komkommer

2 ongeschilde, gewassen komkommers
2 dl azijn
1 fijngesneden Spaanse peper
2 el suiker
1 grote ui
2 teentjes knoflook
4 kemirienoten
1 el koenjit
2 sch gember
2 el olie

Bereiding:

Snijd de komkommers in dobbelsteentjes en bestrooi ze met zout. Laat ze uitlekken.
Maak ui, knoflook, kemirienoten, koenjit en gember fijn, fruit ze gedurende 2 minuten in de olie en kook ze vervolgens in azijn, samen met de peper en de suiker.
Leg de komkommers in de nog warme azijn en laat het geheel afkoelen.

Deze atjar is niet houdbaar.

Tahoe- en tempehgerechten

Tahoe I

300 g fijngemaakte tahoe
100 g fijngemaakte garnalen
1 teentje knoflook
boter of olie

Saus:
2½ dl water
2 teentjes knoflook
1 el bieslook
1 tl maizena
ketjap
peper
zout

Bereiding:

Meng de fijngemaakte ingrediënten doed door elkaar en maakt er balletjes van. Bak de balletjes in olie of boter bruin.

Bereiding saus:

Fruit de knoflook met bieslook gedurende 2 minuten in wat olie. Voeg het water toe. Vervolgens bindt u dit met maizena en tenslotte voegt u peper, zout en ketjap toe.

Serveer de balletjes in de saus.

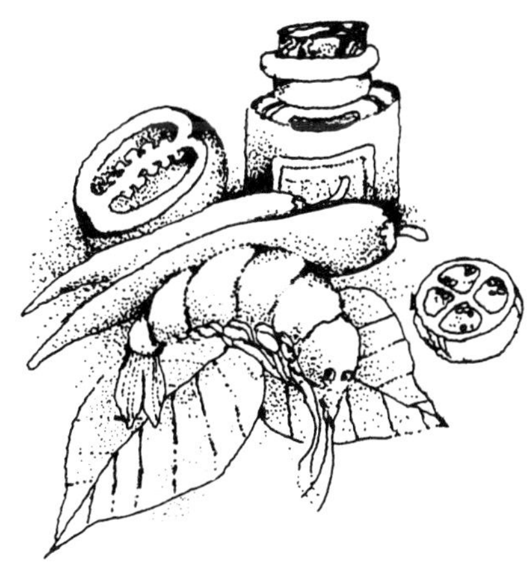

Tahoe II

2 bl tahoe
6 teentjes knoflook
50 g taugé
1 kopje taotjo
100 g garnalen
100 g champignons
2 el fijngesneden selderie
1 schijfje gember
bouillon (van de gekookte garnalen)
olie

Bereiding:

Bak de in blokjes gesneden tahoe in de olie. Snijd vervolgens de knoflook en de gember fijn en fruit dit samen met de gekookte garnalen. Voeg de bouillon van garnalen en de groenten toe. Laat het geheel nog even flink koken.

Tahoe goreng

"1 bl tahoe in plakken
200 g geblancheerde taugé
4 el gehakte selderie
1 gesneden ui
1 el lombok rawit
2 el ketjap
1 teentje knoflook
1 dl azijn
zout
suiker
olie

Bereiding:

Fruit de ui in wat olie glazig. Bak de tahoe een paar minuten in olie en laat de plakken goed uitlekken. Maak de lombok rawit en de knoflook fijn en voeg er zout en suiker aan toe met de ketjap en azijn. Meng deze ingrediënten tot een saus. Leg de tahoe op een schaal, verdeel er de taugé over met de gefruite ui en de selderie. Giet er tenslotte de saus over.

Dit gerecht wordt koud geserveerd.

Tahoe goreng cheribon

1 bl tahoe
200 g geblancheerde taugé
2 el gehakte selderie
2 el gehakte bieslook
1 zakje gefruite uitjes
2 el ketjap
1 teentjes knoflook uit de pers
1 uitgeperste citroen
zout
suiker
olie

Bereiding:

Snijd de tahoe in plakken en bak ze goudbruin in olie. Maak de peper fijn en maak met ketjap, citroensap, zout, suiker en knoflook een saus.

Leg de plakken tahoe in een schaal, doe de taugé hierover, daarna de gefruite uitjes, de selderie en bieslook.

Giet hierover de saus.

Tahoe toemis ketjap

2 bl tahoe
4 gesnipperde uien
1 el ketjap
2 el olie
zout
1 dl water

Kruiden:
3 sch laos
1 st sereh
1 grofgesneden
groene peper
1 el lombok rawit

Bereiding:

Snijd de tahoe in dobbelsteentjes en bak die in olie gaar. Ze mogen niet te droog worden.
Snijd de laos, sereh en lombok rawit fijn en bak ze met de uien en groene peper in olie gaar. Blus dit mengsel af met
1 dl water, voeg er de ketjap aan toe en doe er vervolgens de blokjes tahoe bij. Kook de tahoe ongeveer 10 minuten mee in de saus.

Bij dit gerecht kunt u in plaats van tahoe ook tempeh gebruiken.

Toemis tahoe

2 bl tahoe
100 g taugé
100 g kip (in stukjes)
100 g gepelde garnalen
4 gesnipperde uien
100 g peultjes
2 el gehakte selderie
2 el gehakte peterselie
1 el ketjap
olie
peper
zout
2 dl water

Bereiding:

Snijd de tahoe in dobbelsteentjes en bak die in olie. Laat de stukjes daarna goed uitlekken. Fruit de gesnipperde ui en voeg de garnalen, kip, selderie, peterselie, peultjes, ketjap, water, peper en zout toe. Laat het geheel gaar koken.
De groenten moeten knapperig blijven.

Tahoe lengko

½ bl tahoe in plakken van 1 cm
2 el olie
100 g fijngesneden witte kool
100 g taugé
1 komkommer in dobbelsteentjes
kroepoek emping
2 in ringen gesneden en gefruite sjalotjes

Saus:
50 g gepelde pinda's
2 lombok rawit
2 teentjes knoflook
3 sjalotjes
1 el ketjap
1 tl azijn
zout
½ dl heet water

Bereiding:

Bak de tahoe in olie gaar, laat de plakken goed uitlekken en snijd ze in repen van ongeveer 2 cm.
Blancheer de kool en de taugé afzonderlijk en laat ook deze groenten uitlekken.
Voor de saus stampt u de pinda's, lombok rawit, knoflook, sjalotten met het zout fijn en u vermengt ze met ketjap en azijn. Schenk er voorzichtig het hete water bij terwijl u goed roert. De saus is klaar wanneer ze ingedikt is.

Rangschik de groenten op een schaal, kruimel de emping fijn en strooi dit erover met de gefruite uiringen.
Vlak voordat u het gerecht opdient, giet u de saus erover.

Bij dit gerecht kunt u de tahoe vervangen door tempeh of een combinatie van tahoe en tempeh gebruiken.

Toemis tahoe met taugé

2 bl tahoe
100 g taugé
100 g gesneden varkensvlees
100 g gepelde garnalen
4 uien
100 g peultjes
100 g fijngehakt uieblad
2 el gehakte selderie
2 el peterselie
3 dl water
1 el ketjap
2 el olie
peper
zout

Bereiding:

Snijd de tahoe in dobbelsteentjes en bak die in olie.

Snijd de uien fijn en fruit ze in olie lichtbruin. Voeg vervolgens tahoe, garnalen, varkensvlees, uienblad, selderie, peterselie, peultjes, peper, zout, ketjap en zoveel water toe dat de massa gaar kan koken.

De groenten moeten knapperig blijven.

Lenko-lenko

1 bl tahoe
200 g taugé
200 g spitskool
3 el gehakte selderie
2 sjalotjes
1 uitgeperste citroen
1 zakje gefruite uitjes
olie

Kruiden:
2 teentjes knoflook
3 ontpitte rode
Spaanse pepers
1 tl trassie
1 tl bruine suiker
5 el ketjap
zout

Bereiding:

Snijd de tahoe in stevige plakken en bak ze in de olie goudbruin.
Laat ze, eventueel op absorberend keukenpapier, goed uitlekken.
Blancheer de taugé 3 minuten en laat ook dit goed uitlekken.
Snijd de spitskool in fijne reepjes.
Snijd de sjalotten, knoflook en de Spaanse pepers fijn en stamp ze samen met de trassie, zout en suiker tot een smeuïge moes. Doe dit mengsel bij de ketjap en het citroensap en roer dit tot een saus.
De verschillende groenten serveert u op aparte schalen. Iedere eter kan op zijn eigen manier het gerecht samenstellen.

Lenko-lenko kunt u beschouwen als een soort voorgerecht, maar met rijst of lontong, kroepoek, komkommer en tomaten is het ook een uitstekend hoofdgerecht.

Oblok-oblok koening

½ bl tahoe
½ bl tempeh
200 g sperziebonen
1 ui
2 teentjes knoflook
2 rode Spaanse pepers
2 groene Spaanse pepers
2 tl asem
½ bl santen
2 el boter
zout
bruine suiker

Kruiden:
3 tl trassie
1 tl ketoembar
½ tl djintan
2 tl koenjit
2 sch laos
3 daon salam4 daon djeroek poeroet

Bereiding:

Snijd de tahoe en de tempeh in grove dobbelstenen en de boontjes in grove stukken.Maak de ui, knoflook en Spaanse pepers heel fijn.
Stamp de kruiden zo fijn mogelijk en vermeng ze met de ui, knoflook en de pepers.
Fruit dit kruidenmengsel in boter. Blus dit met ongeveer 5 dl heet water en roer het goed door. Breng het vervolgens aan de kook en laat het ongeveer 5 minuten sudderen.
Voeg de boontjes en de tempeh toe aan het vocht en laat de boontjes half gaar worden. Smelt er dan de santen in en doe de tahoe erbij.
Het gerecht is klaar, wanneer de tahoe gaar is. De tahoe mag niet uit elkaar vallen.

Tahoe goreng met eieren

1 bl tahoe
4 geklopte eieren
1 rode lombok of
1 el lombok rawit
1 gesnipperde ui
1 el petis
1 uitgeperste citroen
2 el ketjap
zout
suiker
2 el olie

Bereiding:

Snijd de tahoe in stukjes en bak die met de geklopte eieren in boter of olie. Fruit de uien in olie en vermeng ze met pepers, petis, ketjap, azijn, zout en suiker.
Doe de gebakken tahoe in een schaal en giet de saus erover.

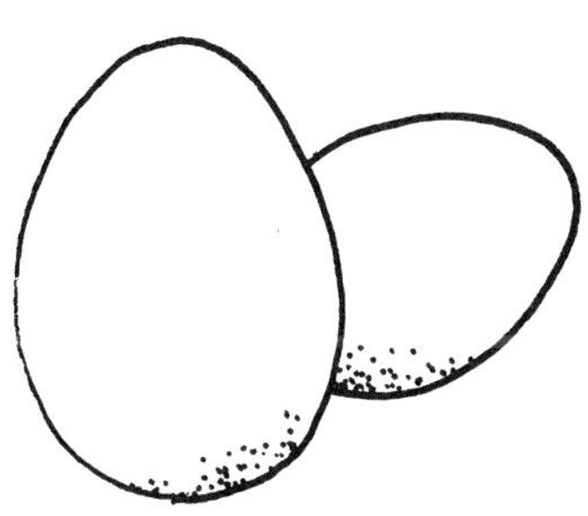

Gebakken tahoe met taugé

6 plakken tahoe in dobbelsteentjes
200 g taugé
1 gefruite ui
fijngehakte selderie
olie

Saus:
1 dl plantaardige olie
1/4 l trassie
3 teentjes knoflookzout
1/2 el fijngehakte sereh
1/2 el bruine suiker
citroensap

Bereiding:

Bak de tahoe in hete olie en blancheer de taugé. Rangschik de uitgelekte tahoe en taugé op een schaal.

Maak voor de saus knoflook, trassie en sereh heel fijn en vermeng deze kruiden met 1 dl olie. Voeg enkele lepels citroensap en bruine suiker naar smaak toe.
Schenk deze saus over de tahoe.
Garneer tenslotte het gerecht met peterselie en gefruite ui.

Sambal goreng van tempeh

1 plak tempeh
1 gesnipperde ui
asemwater
2 rode Spaanse pepers
6 petehbonen
2 el olie

Kruiden:
1/4 tl trassie
1 tl ketoembar
2 daon djeroek poeroet
2 tl bruine suiker
zout

Bereiding:

Bak de tempeh in reepjes. Maak de uien met de kruiden fijn. Bak dit mengsel met de tempeh, de grofgesneden pepers en de petehbonen in de olie droog.

Bijgerechten

Kerrie Telor

6 à 8 hardgekookte eieren
1 ui, gesnipperd
4 teentjes knoflook
2 spaanse pepers, grof gesneden
2 daon djeroek poeroet
2 daon salam
½ bl santen
2 el olie
3 dl water
1 tl koenjit
4 cm sereh
½tl peper
1 tl trassie
zout

Bereiding:

Bak de ui, knoflook, kruiden en het zout in de olie lichtbruin. Meng de santen met het water en voeg dit al roerend toe. Voeg nu de spaanse pepers, salam en djeroek poeroet toe.
Kook het geheel tot de kerrie gebonden is. Af en toe goed roeren. Tenslotte voegt u de eieren toe, die u even meekookt.

Kerrie bengala eieren

10 hardgekookte eieren
4 cm sereh
4 kruidnagelen
1 cm gember
1 tl mosterd
1 bl santen vermengd met ½ l water
olie
zout
1 tl koenjit
2 spaanse pepers, fijngehakt
2 uien, gesnipperd
3 teentjes knoflook
1 cm laos
2 3l ketoembar
½ tl djintan

Bereiding:

Bak de koenjit, spaanse pepers 1 gesnipperde ui in wat olie lichtbruin. Bak de eieren hierin aan. Meng de mosterd met 1 kopje van de santen. Doe dit mengesel met de sereh, de gesnipperde ui, kruidnagelen en een snufje zout bij het eiermengsel.
Laat dit even koken en voeg dan, op een laag vuur, de rest van de santen toe terwijl u blijft roeren. Het gerecht is klaar als de saus ingedikt is.

Seroendeng I

500 g gemalen kokos
100 g gebakken pinda's
olie
1 ui, fijngesneden
2 teentjes knoflook, fijngesneden
1 tl ketoembar
1 tl djintan
zout
suiker

Bereiding:

Bak de kokos op een matig vuur zonder olie in een wadjan, waarbij u de massa regelmatig omschept.
Meng de fijngesneden kruiden en bak ze in de olie tot alles een droog geheel vormt. Voeg dan de kokos toe en bak alles nog even door tot er één massa is ontstaan en de kokos helemaal bruin is.
Kokos heeft de neiging snel aan te bakken dus moet u voortdurend blijven roeren en omscheppen.
Zet de pan van het vuur en voeg de pinda's toe.
De afgekoelde seroendeng kunt u bewaren in een goed afgesloten pot.

Seroendeng II

500 g geraspte kokos
100 g pinda's
2 el olie
1 ui, fijngesneden
4 teentjes knoflook, fijngesneden
1 schijfje laos, fijngesneden
2 el ketoembar
1 el djintan
2 tl trassie
2 tl asemwater (of citroensap)
1 daon djeroek poeroet
zout
suiker

Bereiding:

Bak alle fijngesneden kruiden in de olie tot het een droog geheel is.
Voeg al roerend de geraspte kokos toe. Laat de kokos lichtbruin bakken.
Voeg de pinda's toe en het asemwater of citroensap.
Bak alles nog even goed door, maar de kokos mag niet te bruin worden.

Frikadel djagoeng (maïs)

1 blikje maïskorrels
1 ui
2 teentjes knoflook
1 tl laos
1 tl ketoembar
3 geraspte kemirienoten
1 cm santen, geraspt
1 ei
2 el bloem
olie
zout
peper

Bereiding:

Laat de maïs zeer goed uitlekken. Snijd de ui klein, maak de knoflook schoon en pers deze uit. Meng de knoflook met de ui, de laos, de ketoembar de kemirienoten en de santenrasp.
Wrijf alles goed fijn. Meng het kruidenpapje met de uitgelekte maïskorrels, het ei en de bloem. Kneed alles goed door elkaar en maak van dit deeg platte koekjes.
Verhit de olie en bak hierin de koekjes aan beide kanten mooi bruin.
Laat de koekjes op keukenpapier uitlekken.

Dit gerecht is ook lekker met erdoor gemengde gemalen garnalen.

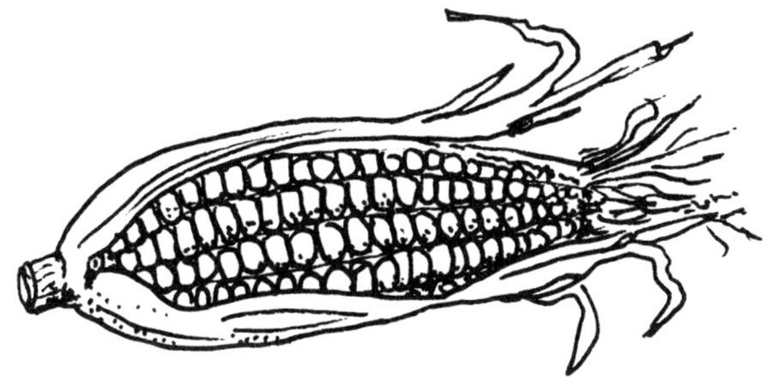

Rempahballetjes met kokos

125 g kokosmeel
1 ui
1 teentje knoflook
1 tl ketoembar
2 el bloem
1 ei
3 el water
olie
peper
zout

Bereiding:

Snijd de ui klein, maak de knoflook schoon en pers deze uit. Meng de ui, knoflook en ketoembar en wrijf alles goed fijn. Voeg aan het kruidenmengsel de kokos, de bloem, het ei, het water en peper en zout naar smaak toe.
Kneed het geheel goed door elkaar en draai van het deeg kleine balletjes.
Verhit de olie en bak hierin de balletjes aan alle kanten mooi bruin. Laat ze op keukenpapier uitlekken.

Garnalenkoekjes

250 g garnalen
1 teentje knoflook
5 rode uien
1 prei
1 el peterselie
$^{1}/_{8}$ bl santen
2 dl water
100 g bloem
2 tl ketoembar
$^{1}/_{2}$ tl laos
zout
boter

Bereiding:

Hak de garnalen fijn en meng ze met de ketoembar, laos en zout naar smaak.
Leng de santen aan met water en voeg bloem, peterselie en fijngesneden prei toe. Hak de uien fijn en voeg dit met knoflook aan het deeg toe. Vorm hier platte koekjes van en bak ze in de boter.

Zoete gerechten

Tapeh

250 g rijst
2 el ragie (gist)

Bereiding:

Kook of stoom de rijst droog en gaar. Laat de rijst volledig afkoelen.
Kruimel de ragie fijn.
Spreid de rijst uit en strooi er de ragie overheen. Meng dit goed door elkaar.
Doe de massa in een goed afsluitbaar bakje. Sluit het af en zet het op een warme plaats. Laat de rijst 2 dagen gisten, zonder het bakje te openen.
Na het gisten het bakje in de koelkast plaatsen en de rijst goed koud laten worden.
De rijst wordt geserveerd met suiker.

Pisang goreng

2 bananen
boter

Bereiding:

Pel de bananen en snijd ze overdwars door. Verhit wat boter en bak hierin de bananen aan alle kanten bruin.

Kwee talam

bruine laag:
100 g maïzena
200 g bruine suiker
(goela djawa)

Witte laag:
100 g maïzena
200 g kristalsuiker
5 dl water
2 cm santen

Bereiding:

De bruine laag: Maak de maïzen aan met wat water. Doe de suiker met het water in een pannetje en laat de suiker op een laag vuuur oplossen. Breng het vocht aan de kook. Schenk de maïzena bij de kokende vloeistof en laat de vla op een laag vuur onder voortdurend roeren binden.

De witte laag: Maak de maïzena aan met wat water. Doe de suiker met het water en de santen in een pannetje. Laat het geheel aan de kook komen tot de suiker is opgelost.
Schenk de maïzena bij de kokende massa en laat de vla, onder voortdurend roeren, op een laag vuur binden.
Spoel een puddingvorm om met koud water en giet hierin eerst de bruine vla en daar bovenop de witte vla.

Laat het geheel afkoelen.

Kwee obat

250 g bloem
250 g boter
250 g suiker
250 g amandelen
kaneel
2 eiwitten
5 eidooers

Bereiding:

Klop de boter tot ze schuimig is. Stamp de amandelen fijn en roer er de eiwitten goed door. Klop 3 eidooiers tot schuim en roer ze door het amandelmengsel.
Voeg bloem en suiker toe en kneed hier deeg van.
Rol het deeg uit en snijd er langwerpige koekjes van. Bestrijk de reepjes met de overgebleven losgeklopte eidooiers en strooi er een beetje kaneel over.

Verwarm de oven voor op 200C en laat de koekjes op de bakplaat ongeveer 8-10 minuten bakken.

Kwee lapis (spekkoek)

400 g boter
12 eieren
250 g basterdsuiker
2 zakjes vanillesuiker
100 g bloem
8 tl kaneel
4 tl anijs
3 tl gemalen kruidnagel
2 tl nootmuskaat
2 tl kardemom
zout

Bereiding:

Roer de boter met een mixer tot een lichte romige massa. Meng de suiker en de vanillesuiker door de boter.
Scheid de eieren. Voeg de eidooiers onder voortdurend kloppen, beetje voor beetje aan het boter-eiermengsel toe. Sla de eiwitten stijf en schep deze voorzichtig, met een houten lepel door het mengsel.
Zeef de bloem en voeg deze aan het mengsel toe, samen met wat zout.
Verdeel het beslag in twee delen.
Voeg aan één deel de kruiden toe en roer dit voorzichtig door elkaar.
Beboter een springvornm zorgvuldig en doe hierin een dun laagje van het lichte beslag.
Plaats de vorm onder de voorverwarmde ovengrill en laat het beslag in ongeveer 4 minuten gaar worden.
Haal de vorm uit de oven en doe nu een dun laagje van het bruine beslag bovenop de gare lichte laag.
Plaats de vorm weer onder de grill en laat ook dit laagje ongeveer 4 minuten gaar worden.
Breng nu weer een licht laagje aan.

Ga zo door tot al het beslag verwerkt is.
De koek is klaar wanneer het laatste laagje beslag gaar en bruin is.
Laat de koek vijf minuten afkoelen en verwijder dan de buitenrand van de springvorm.
Laat de koek verder afkoelen.
Spekkoek dient in zeer dunne plakjes gesneden te worden.

Kwee mangkok

500 g rijstmeel
3 el gist
1 dl water
1 dl santen van $^1/_8$ bl gereaspte kokos
2 dl santen van $^1/_4$ blok
2 dl goela djawastroop
1 tl zout

Bereiding:

Kneed een deeg van het meel met gist, water, 1 dl santen en zout. Blijf gedurende 10 minuten doorkneden.
Roer er de overige santen en goela djawa door.
Laat het deeg onder een vochtige doek rijzen.
Doe het deeg vervolgens in kommetjes en laat ze au bain marie gaar worden.
De pan met kokend water moet afgedekt zijn.
Als ze gaar zijn haalt u de gebakjes uit de kommetjes en bestrooit ze met kokos.

Roedjak manis

3 zoetzure appels
3 peren
1 komkommer
2 bananen
½ verse ananas
200 g bruine suiker
(goela djawa)
1 dl water
1 el sambal oelek
wat asemwater of
citroensap

Bereiding:

Was de appels, de peren en de komkommer. Snijd de vruchten, zonder ze te schillen in kleine blokjes. Pel de bananen en snijd ze in niet te dunne plakjes. Maak de ananas schoon en snijd het vruchtvlees in blokjes.
Zet de suiker met het water op en laat de suiker smelten. Voeg sambal en asemwater toe en laat het sausje tot een stroop inkoken.
Laat de saus afkoelen.
Schenk de saus over de vruchten.

Ananaskoekjes

250 g bloem
150 g boter
50 g basterdsuiker
1 verse ananas
1 ei
1 zakje vanillesuiker
scheutje water

Bereiding:

Zeef de bloem. Snijd de boter met twee messen door de bloem. Voeg de suiker toe en het ei. Kneed van het geheel een stevig deeg. Rol het deeg uit tot een lap van ongeveer 4 mm dikte. Steek met bijvoorbeeld een glas, rondjes van ongeveer 5 cm doorsnee uit de deeglap.
Rol van het restant deeg een rolletje. Bevestig met wat water om ieder koekje een randje van het deegrolletje. Leg de koekjes op een ingevet bakblik en bak ze in een op 175C voorverwarmde oven in ongeveer 20 minuten gaar.
Maak de ananas schoon. Snijd het vruchtvlees zeer klein. Zet de stukjes ananas met de vanillesuiker en eventueel wat water op het vuur. Laat het geheel aan de kook komen. Draai het vuur laag en laat de ananas gaar worden.
Vul de koekjes met de ananas.

Kokoskoek

200 g basterdsuiker
2 eieren
50 g bloem
250 g kokosmeel

Bereiding:

Doe de eieren met de suiker in een beslagkom. Klop dit met de mixer ongeveer 5 minuten. Voeg de bloem en het kokosmeel toe en roer alles goed door elkaar.
Beboter een springvorm.
Doe het beslag in de vorm en plaats deze in het midden van een op 175C voorverwarmde oven.
Laat de koek in ongeveer 20 minuten gaar en bruin bakken.

Kwee bolah

500 g gekookte aardappelen
50 g bloem
2 eieren
scheutje melk
2 zakjes vanillesuiker
olie
poedersuiker

Bereiding:

Prak de aardappelen zeer fijn. Vermeng de aardappelen met de bloem, de eieren, een scheutje melk en de vanillesuiker.
Maak van het geheel een stevig deeg en rol hier balletjes van. Verhit ruim olie en bak hierin de balletjes mooi bruin. Laat de balletjes op keukenpapier uitdruipen. Bestrooi ze voor het opdienen met ruim poedersuiker.

Kolak pisang

150 g bruine suiker
(goela djawa)
2,5 dl water
1 cm santen
4 bananen
eventueel wat maïzena

Bereiding:

Breng het water aan de kook en los de suiker op in het kokende water. Voeg de santen toe en laat alles op een zacht vuur sudderen.
Pel de bananen en snijd ze schuin in dikke plakken. Voeg de bananen aan het stroopje toe en laat ze ongeveer 10 minuten meesudderen. Als de saus niet dik genoeg is, eventueel binden met wat in water aangemaakte maïzena.

Kolak pisang kan zowel warm als koud gegeten worden.

Smeerpropjes

4 bananen
50 g bloem
2 eieren
scheutje melk
olie
suiker
kaneel

Bereiding:

Schil de bananen en prak ze fijn. Vermeng de banaan met de bloem, de eieren en wat melk. Maak van het geheel een dik beslag. Verhit wat olie en bak hierin koekjes van het formaat drie-in-de-pan. Het vuur vooral niet te hoog zetten, de koekjes moeten zachtjes bakken. Bestrooi de koekjes met suiker en kaneel.

Witte gemblong

500 g witte ketan
4 el geraspte kokos
zout

Bereiding:

Kook de ketan goed gaar. Vermeng de ketan met de kokos en wat zout. Druk alles stevig aaneen.
Snijd de ketan in plakken of verpak het in aluminiumfolie of pisangblad.

Bruine gemblong

500 g ketan
2 dl kokosmelk
4 el goela djawa
zout

Bereiding:

Kook de ketan goed gaar. Kook de kokosmelk in met de goela djawa en zout tot een stroperig papje is ontstaan.
Vermeng dit met de ketan en druk alles stevig aaneen. Snijd er plakken van of maak er pakjes van in aluminiumfolie of pisangblad.

Register